36岁给孩子当学生

董思阳—————著

上海三联书店

1—3：带着孩子们去工作

4—5：女性永远都不设限，2019年去奥地利维也纳金色大厅演出

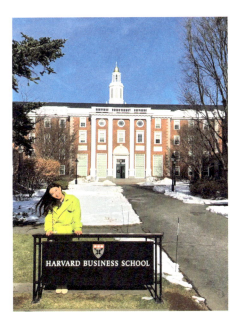

6—7：当了妈妈后再次学习就读于哈佛商学院

8—9：带着孩子们回到哈佛商学院中国中心

10：生完二宝后走戈壁30公里

11—15：带着孩子们一起参加各种运动

序

　　巴菲特曾经表示，是学习成就了他，学习也让巴菲特的投资事业越做越大。学习并不是孩子与青年人的专利，这是我们生命中贯穿始终的一种习惯。在不断的学习中，我收获了事业的丰硕，拥有了爱我的先生，成了两个宝贝的妈妈，更是在不断的学习中，让我体会到生命中点点滴滴的幸福。阿根廷作家博尔赫斯曾说："我写作，不是为了名声，也不是为了特定的读者，我写作是为了光阴流逝使我心安。"的确，光阴似箭，岁月如梭，转眼间那个叱咤职场、21岁当总裁的我，也在用笔记录下我的"学习"历程。

　　日本横滨市产科医生，曾经将自己研究的内容写成一本书《我在天上选妈妈》，书中有很多有趣的片段，这些孩子的记忆，让我想起了泰戈尔在《孩童之道》中写道："只要孩子愿意，他此刻便可飞上天去。他之所以不离开我们，并不是没有缘故。"父母与子女之间的缘分，是那么微妙与神奇，也许只有我们足够优秀，孩子才会选我们成为他们的父母。当一个圣洁的小婴儿呱呱坠地的时候，作为父母的我们便想将最好的都给孩子，在倾注一生培养孩子的过程中，其实到头来我们会悄悄的发现，在育儿的过程中也是成全了我们自己。这些小天使总会给我们带来意想不到的惊喜，让我们在为人父母的修行中不断充足自己。多年来我们一直被"父母是孩子们的第一任老师"所鞭策着，然而我却很想说："宝贝，这是爸爸妈妈第一次为人父母，如果有做得不对的地方，还请多多指教。"

陪伴两个孩子成长的道路上绝非一帆风顺，尤其是对于我这样的职场妈妈来说，就更是难上加难。

回想迎接新生命到来的时候，面对这个稚嫩的小粉团，我完全成了一个在保姆面前唯唯诺诺、听从指挥的"新手妈妈"。从手忙脚乱到游刃有余，从被动的服从到育儿知识尽在掌握，我突然明白，眼前的这个新生命，给我开启了人生中的另外一扇大门，带我领略到更加精妙绝伦的世界。作为职场辣妈的表率，我将生活中的时间管理作为自己的必修课，在工作和家庭之间不断地权衡着利弊，时而向工作妥协，时而又向家庭和孩子妥协，两者之间的摇摆，让我时时刻刻上演着与时间赛跑的故事。可就在我心里还琢磨着"孩子还小，需要我慢慢教他们如何与伙伴相处"的时候，两个孩子已经在朋友的包围中懂得了谦让与包容；当我意识到"孩子要从小树立正确的是非观"时，两个孩子在游历山川大河的时候，便已经感悟到了善、恶、美、丑，理解了什么是正直，什么是执着；当疫情来临，我困顿于如何周旋在两个孩子之间辅导功课时，两个可爱的孩子已经可以独立的解决好自己的问题；当保姆、菲佣不辞而别，撂下家务使我陷入深深的焦虑时，又是我的两个孩子给我最暖的拥抱，告诉我："妈妈，放心！没有阿姨，我们可以自己准备零食包，我们是你最棒的小帮手。"家中有太多这样的事情，让我感悟到，不是我教会了孩子，而是在生活的潜移默化间，我和先生的为人处世之道深深地影响到了两个孩子，让他们学会用高情商来化解生活中的难解之题。

我们经常说，人生如同一场旅行，所幸这场旅行中我们并不孤独。也有人说，人生如同修行，当你在拥有了属于自己的宝贝后，你会发现生活中真正的修行才刚刚起步。在陪伴孩子成长的过程中让我认识到，孩子不是我的小累赘，更不是我事业的绊脚石，而是我的老师。天真无邪的稚嫩生命给予了我生活历程中更多的启示。是孩子，让我褪掉心浮气躁；是孩子，让我变得沉稳内敛；是孩子，让我拥有了百变人生；还是孩子，给我信心，激励我一路砥砺前行。更是在孩子的成长过程中，让我意识到，孩子不仅仅需要爱，还需要我和先生的责任与规划。现在有朋友说，教育是一场大战，大到决定一辈子的成败。其实，在我眼里，教育是父母好习惯的传承，是对孩子的启蒙，更是父母再一次走进课堂的机会。

这是一个多彩的世界，更是一个高速发展的世界，在这场竞争激烈的岁月中，为了两个孩子能拥有广泛的兴趣爱好，我悄悄地把已经扔下很久的钢琴重新拿起。为了能够理解孩子画出的作品，我特意走进课堂，学起了油画，并且重新拿起书本，用心领悟着梵高的作品。

我终于能够理解孩子那夸张的色彩，看似涂鸦的布局，其实都是他们的梦，他们的故事。为了引导孩子走进祖国源远流长的文化长廊，我陪孩子从"四大名著"的漫画版一直读到原著，其中故事的深意，让我们回味无穷。陪他们跳舞，和他们一起做烘焙，带他们一起外出旅游，听他们讲述着学校里的故事。生活在继续，不断学习，持续努力，不放过一个微小的进步似乎已经成为我的人生信条。

不管我们自身具备哪些优势，都要在成为母亲之后更加努力。狮子座的我，有那么一点点的强势，有那么一点点的倔强，为了成为孩子心目中完美的女神妈妈，我从一个不愿下厨的小女生，变成了米其林一星厨师；从一个只顾事业的女强人，变成了孩子心目中可以成为知心朋友的好妈妈；从复旦的经济之旅，到哈佛商学院每一场冲击心灵的课程；从耶鲁的"创新与突破"到斯坦福的探索与社交；每一步走来，都是两个宝贝一直在鞭策着我勇敢向前。

多年来的历练，多年来的努力，多年来的坚持，多年来的付出，让我将生活中的感悟凝练成文字，如同涓涓细流，慢慢地供翻开这本书的你来品味。作为一个积极生活的人，作为一个不屈不挠，不会向现实低头的人，我愿意传递我身上的正能量，感染每一个正在努力的你。生活需要梦想，更需要攀登高峰的信心与勇气，从脚下的每一小步做起，你一定可以成为独一无二的你。在陪伴孩子成长的过程中，你收获的不仅仅是他们带给你的简单快乐，更是他们那质朴的语言所给你的人生感悟，与其说是我们在教育孩子，不如说我们在和孩子共同学习，共同成长。

目 录

第一章　孩子让我们成就更好的自己　／ 001

第一节　产后务必要想法恢复身材　／ 001

第二节　产后减掉 50 斤，一定有方法　／ 003

第三节　拒做黄脸婆，找到自己的 Fashion Style　／ 010

第四节　我的健康生活六字箴言　／ 015

第五节　培养蕙质兰心的气质　／ 018

第二章　因为孩子，我开始思考时间对人生的意义　／ 021

第一节　时间管理是职场妈妈的必修课　／ 022

第二节　把规划时间的能力传承给孩子们　/ 027

第三节　分清轻重缓急，学会优先排序　/ 030

第四节　快妈妈背后一定有个慢宝宝　/ 033

第五节　陪孩子从"小蜗牛"变成"小超人"　/ 036

第六节　超市也是宝贝学习的优良场所　/ 038

第七节　别让孩子把时间浪费到电视上　/ 040

第三章　是孩子，让我的爱好更广泛了　/ 044

第一节　孩子成就我为"好厨娘"　/ 044

第二节　孩子让我变成了营养师　/ 048

第三节　孩子圆我"作家"梦　/ 052

第四节　孩子让我更懂"艺术"　/ 056

第五节　孩子让我重新燃起音乐学习的欲望　/ 062

第六节　孩子让我重回运动场　/ 065

第七节　孩子让我重新享受阅读　/ 067

第四章　为了孩子，我再次踏上求学之路　/ 073

第一节　耶鲁：思路"无可无不可"，教学"无为而无不为"　/ 074

第二节　斯坦福：创造力与社交力的培养　/ 078

第三节　西点军校：培养世界五百强 CEO 的学校　/ 082

第四节　哈佛：答案需要你自己去寻找　／084

第五章　感谢孩子，让我的人生得到进阶　／089

第一节　孩子让我成了家庭 CEO　／090

第二节　做个不断进取的妈妈　／095

第三节　做个有生活仪式感的妈妈　／098

第四节　做个广交朋友的妈妈　／100

第五节　做个温柔随和的妈妈　／105

第六节　做个平等沟通的妈妈　／108

第七节　妈妈对孩子的谦让教育　／110

第八节　养儿才知父母恩　／112

第九节　不做"讨厌的妈妈"／114

第十节　孩子需要用心陪伴　／118

第一章　孩子让我们成就更好的自己

　　生子还是升职，成了困扰大多数职业女性的一个问题。其实在我看来，这个问题一定要遵从自己的内心，如果你喜欢孩子，喜欢家庭生活，那么你就选择生子；如果你喜欢拼搏事业，目前没有组建家庭以及生子的想法，那么你就去选择拼事业、升职。而已经结婚生子的职业女性，其实并不是说就失去了进步的空间，只要我们不放弃自我的修炼与成长，充分发挥已婚女性在职场中的优势，我认为，孩子的成长更会促进我们自身的进阶，孩子只会让我们不断发掘更好的自己。

第一节　产后务必要想法恢复身材

　　对于女人来说，生孩子这件事是人生中的一件大事。为了养育孩子，妈妈们可以为之牺牲一切。怀孕前也无数次想象这种生产与养育的过程，多年的职场经历让我觉得没有什么事情可以难倒我。但我的骄傲感被当了妈妈之后的琐碎和狼狈粉碎了。摆在我眼前的现实是：自己的体重一度达到了 160 斤。这个真的超出了我的预期，让我在生产后好长一段时间心理上都接受不了。

我也看到了周围的一些宝妈，在生完孩子后，生活的重心完全转移到了孩子身上，为了孩子牺牲一切，包括身材、兴趣甚至事业。当然，这也是很多女性朋友不愿意生孩子的主要原因。

有很多的宝妈以孩子为借口放纵自己，不注意自己的形象，放弃对美丽的追求，甚至以"母性的光辉"来欺骗自己"失控"的身材。一开始，我也落入了这个怪圈。但很快我就醒悟了：怀孕生子绝不能成为我身材走样的借口。宝宝在一天天长大，我应该以一个更健康美丽的形象陪伴他，"胎教"时期的审美，怎么在孩子出生后反而不注重了呢。

我公司有一位职员，长相清秀，可是工作拖拖拉拉，年纪不大却不修边幅，看上去比实际年龄大五六岁，同事提建议，她总拿"太忙了，没有时间"来搪塞。但突然有一天，她变了，变得干练起来，打扮得利利落落，新潮又时尚。后来她告诉我们，是她的女儿改变了她。起因是有一天，女儿晚上从幼儿园回家，哭着说："妈妈，你不要再接送我上学了，小朋友都说我妈妈最丑。"瞬间，她惊呆了。是啊，她早上匆忙起床，一顿收拾，就慌慌张张地带孩子去幼儿园，再进公司。有了孩子，"打扮自己"对她而言已经变为十分奢侈的一件事。有人说，女人一生会经历两次蜕变，一次是十几岁时，这时的她懂事了，知道打扮，言行举止优雅，"女大十八变，越变越好看"，说的就是这个意思；再一次就是生育孩子后，身材变形了，家务事多了，经济压力大了等等，让一个原本漂亮的女人忙前忙后、丢三落四、拖拖拉拉、焦头烂额——慢慢熬成了黄脸婆。原本漂亮的女人又蜕变成了邋遢女人。

其实我也和众多姐妹一样，有过类似的经历。说实话，我的身体属于易胖和水肿的体质，即便在怀孕过程中尽量吃些含糖量低的水果和低脂乳类，但还是一不留神让自己胖到了 160 斤，生产一周后还有 150 斤。好在，我展现出了公司经营中"死磕"的精神，经过 10 个月艰苦卓绝的努力，我终于从产后 150 斤变回到了产前的 108 斤。

这 10 个月的产后身材恢复让我领悟到：照顾孩子固然重要，做一位孩子眼中健康美丽、优雅的妈妈同样重要。孩子从你前后照片的对比中也能让他感受到自律、勤奋、坚持这些美好的品德，正所谓"言传身教"。你自己在孩子心目中的形象也会更加完美。

第二节　产后减掉 50 斤，一定有方法

生产后，体重飙升、皮肤松弛、腰间赘肉横生……其实不单是身材走形，更是身体健康水平的下降。"虚弱的身体，将永远不会培养出有活力的灵魂和智慧。"如此身形的我，怎么可能养育出有活力的宝宝呢？于是我下定决心，要从 160 斤的大胖子恢复窈窕，更重要的是恢复健康与自信。

减肥确实是个大工程，说起来容易做起来真的很难。其实，不是我们瘦不下来，而是我们坚持不下来。刚刚还在为减掉的一点体重欢呼雀跃，转身就在某一个大餐的场合悄悄的告诉自己："不吃饱，如何有力气减肥?"这才是我们不能减到理想体重的一个至关重要的原因——管不住嘴。多年来的饮食习惯已经让我们的身体发生了体质的改变，在这样的条件下要想彻底恢复标准体重，就需要从自己的生活习惯和饮食习惯逐渐进行调理和改善。从生活中的一些小事做起，把日常生活中对身体有利的小事当成生活中固化的习惯，你会发现身体会随着习惯的改变而改变。产后身材稍微发福一些，也只是暂时性的生理现象，经过正确的调理，完全可以恢复到之前的标准体重。

我属于易胖和水肿体质，这种体质所带来的悲哀，在生产后足够我喝一壶的。怀孕过程中，我小心翼翼、如履薄冰，尽量吃含糖量低的水果和低脂乳类，那个时候我真是羡慕极了那些传说中"只长肚子不发胖"的孕妇，可惜我做不到。

产后一周，体重还保持在 150 斤。我下定决心，一定要恢复到孕前体重水平。

产后的饮食非常重要，一定要时刻注意少油少盐，这样不仅可以帮助排出身体多余的水分，还可以减轻五脏的负担。少油少盐的饮食习惯要一以贯之，不仅仅在产后减肥期。同时多以蔬菜为主，选些糖分较低的水果。由于产后水肿，中医朋友建议我喝红豆薏米粥去湿排水。薏米是很好的排湿食材，红豆是补血养颜的佳品，这两者搭配起来真的既好吃又养生。对我来说，效果明显。

那么，在饮食方面我具体是怎么做的呢？

我天生就喜欢吃，怀孕期间，几乎是无节制地享用各色珍馐美馔，这也让我收获了最后的"鸭梨身材"，后来真是追悔莫及。我尤其爱吃水果。水果营养丰富、味道可口，应该是大部分女生的最爱，但怀孕期间如何选配水果，其实大有讲究。避开第一次怀孕生产的教训，在怀二胎时认真执行，结果确实不一样。

首先，要选择一些低卡路里的水果，比如樱桃、蓝莓、柚子、苹果等。我以前最爱吃的牛油果、香蕉、哈密瓜等全都割爱了——牛油果脂肪含量很高，大量食用的后果可想而知；哈密瓜糖分很高，是身材发福的罪魁祸首。我向大家强烈推荐火龙果，它的植物蛋白含量非常高，吃了之后可以拒绝任何主食，营养价值上更不必担忧。

蔬菜里富含大量膳食纤维，没有诱发肥胖的隐忧，妈妈们大可开怀享用。

丰富的蛋白质对产后妈妈全面摄取营养至关重要。各类豆蛋白都可以适当补充，比如豆浆、豆皮等，妈妈们都应该重视起来。

此外，即使担心营养过剩，妈妈们也不必刻意减少肉类的摄取。我的经验是，一定要执行严格的"挑肥拣瘦"标准，肥肉一律拒之门外。我的肉类食谱中 80％为鱼类。

妈妈们还要注意减少淀粉类食物的摄入，增加海水鱼等细蛋白易消化的食物的摄入。

严格意义上说，减肥应该拒牛奶于千里之外——即使是低卡路里的牛奶也不让入口。但相应的问题也来了：不喝牛奶，我们该如何破解产后缺钙的难题呢？这也是一个小 case，适当补充维生素 D₃ 就可以了。从根本上说，补充维生素 D₃ 才是补钙的关键。那是因为绝大部分妈妈，产后很少出门。因为不晒太阳，所以体内维生素 D₃ 不足，这样一来，即使服用再多的钙片吸收也不好。所以，适量补充维生素 D₃ 或者复合维生素，对产后妈妈们补充钙质大有好处。

刚生完宝贝的女性，身体里释放了大量让关节柔软放松的荷尔蒙，因而不适合强冲击力的运动，此时如果跳跃以及类似网球、羽毛球等需要急停的运动都可能出现危险。刚生完宝宝的妈妈尤其要注意自己的盆骨，那里如同一个网兜一样承担起内脏的所有重量，受孕期荷尔蒙影响最大，是非常需要注意的。

为了增加基础代谢率，我选择机械型的锻炼增加肌肉量。产后要避免仰卧起坐，但并不意味着你不能锻炼自己的核心力量。产后的腹部锻炼需要保证稳定性，所以平板支撑就是很好的选择——这个动作刺激你的腹横肌，又不会给你的腹直肌太多压力。慢跑也是最好的运动之一。目的是减肥，因而所有的运动都要超过 40 分钟——脂肪层在运动达到一定量的时候才开始燃烧。很多一开始很累很难做的运动，只要每天持续下去全身肌肉就会逐渐适应。腿部减脂最容易做的就是剪刀腿。两腿相互交替。连续做 30 个回合，每天 2 次，会非常有效。

如果想要锻炼腿部线条的话，可以做这样一些简单的动作。首先是坐姿提踵。将自己的身体固定在器械上，并保持这个姿势，然后双腿轻轻弯曲，但需要注意的一点就是膝关节始终都保持不动，用脚踝来控制运动，一上一下为 1 次，12 次至 15 次为 1 组，每次做 15 组到

20 组，当然这个是以小腿的酸度为标准的，量力而行就行了。

还有站姿提踵。就是直立，腰部保持绷紧，人尽量感觉到在往上拔高，膝关节微屈，小腿收紧，在负重的条件下，做踮脚运动。同时胸部充分打开，用全身，而不是手臂的力量去抬起负重物。15 次 1 组，做 2 组。经常做这个动作可以让你的小腿变得更加紧绷有弹性，并且还能够锻炼腹部的肌肉，甚至还能够让全身的肌肉都紧张起来。

健身球提拉腿，就是将脚搁在健身球上，身体保持一个平面，尽量将球推远，再慢慢够回来，手形辅助身体保持平衡。10 次 1 组，左右各做 5 组。这个动作可以拉伸小腿，增加腿部的协调性和全身的平衡性，可谓是"产后芭蕾"。

健身球控腿，也就是坐在健身球上，腹部稳定，上身不晃，一条腿自然坐姿，另一条腿抬起与上身呈 90 度，绷起脚尖，保持 1 分钟。两腿交替，各做 20 次。这个动作不但运动小腿，对大腿也有很好的修形作用。

对于已经上班的妈妈们来说，白天要上班，晚上回家要使出自己的"洪荒之力"来应付宝贝的一切需求，可能会觉得没时间锻炼。那么在办公室你也可以完成锻炼任务，也就是说在上班的时候可以不用做很大的动作也能减肥。坐着的时候挺直腰背，抬起一条腿，伸直。然后立起脚尖，膝盖这时候要用力，这样保持 10 秒钟即可换另一条腿来做同样的动作。想要瘦腿的妈妈们，在上班的时候一定尽量保持身体的挺直，而且千万不可以弯腰驼背。因为挺直端坐不但可以让你腿部的肌肉得到更多锻炼，也可以保持大腿和小腿呈现 90 度的弯曲，从而让腿部的肌肤变得更加紧实和细致。

家里常备一只牛角的刮痧板，再买一些可以按摩的精油，在晚上洗完澡，腿上涂上精油，从脚踝开始，从下向上刮穴位。每个穴位刮20下。刮腿的时候要快速用力，一直到刮出一道道红痕再换腿重新刮腿。刮完后不要碰冷水，喝点热水直接睡觉即可。你会发现这个方法不仅仅可以让我们瘦腿，还起到很好的保健作用！

产后我坚持母乳喂养，这个是宝宝最有营养的食物。但由于母乳喂养，有一些运动受局限不能做，因此我选择了跳舞。听着音乐舞动身体时，宝宝们看得也非常高兴，那是我跟宝宝很好的互动方式。还有一个很好的运动可以带着宝宝一起做哦。我喜欢带着孩子"坐飞机"——就是大家常说的"亲亲、抱抱、举高高"，双腿抬起，来回十几个回合特别锻炼腹部和腿部的肌肉。做下来后，我虽累得满身大汗，但看到 Mitchell（大儿子）和 Chelsea（小女儿）的笑脸，我就充满能量。产后减肥是一个非常复杂的过程，妈妈们的身上肩负着自己和宝宝健康的双重责任，这是你要去行动的百分百的动力。

对大多数职场妈妈来说，产后上班后，好像都没有足够的时间和精力去为自己准备一顿健康可口的膳食，我们只想一切为了孩子，因此很多时候，妈妈们总是将三餐凑合着来，甚至是不定时不定量将就着。相信大家一定都知道，早饭有利于健康和营养的均衡，而且一天中最重要的就是早餐！尽管大家都知道早餐的重要性，仍然有许多妈妈们不吃早饭，理由很简单，就三个字："没时间。"其实不是真的没时间，而是从心里认为不吃早饭也没什么严重的后果，也许还有利于减肥呢。醒醒吧，不吃早饭的妈妈们。研究表明，早饭对于成功减肥有着至关重要的意义，因为人体的消化代谢系统需要营养丰富的早餐启动，所以说减肥最重要的就是早餐的规律和早餐营养的摄入。

早餐的种类及其对于体重管理的影响是一个很前沿的研究领域。一些研究证明，早餐食用谷物食品有助于降低 BMI 值，并且其营养价值比别的食物都要高。而 2005 年的一项调查显示，相对于早饭吃低蛋白的人，那些吃高蛋白的人即便是吃得比较少也更容易有饱腹感。更多关于早餐类型对减肥的影响的研究需要进一步深入。具体哪种类型的早餐更适合你，要依据自己的喜好而定了。

减肥期间一日三餐应该——定时定量，早餐在七点到八点之间；午餐在十二点到一点之间；晚餐在六点到七点之间。固定的时间进餐对减肥有帮助，不要试图不吃东西而达到减肥的效果，这样最容易伤身体。值得提醒的是，人体的厌食中枢神经是在进食后大约 20 分钟才会下达指令，让你产生饱腹感，所以在吃饭的时候一定要注意均衡饮食和细嚼慢咽。蔬菜要吃，肉类要吃，主食也要吃。虽说碳水化合物和油脂，是发胖的根源，但若长期拒绝这类食物，会大大降低身体代谢水平。

不要随意打乱自己的进餐时间，你的进餐时间一旦被打乱，代谢水平自然会下降。无论在家或在外面进餐，都要确实掌握好食物的分量和自己的食量。在点餐的时候一定注意餐量，尽量不要多点，看着一桌子自己喜爱的食物而吃不下浪费的时候，任谁都会多吃几口，日积月累下来，自然就会变胖。

第三节　拒做黄脸婆，找到自己的 Fashion Style

爱美是女人的天性，为了窈窕，更为了健康，我克服了种种困难，坚持科学锻炼。

除了辛苦的十月怀胎之外，妈妈们最烦恼的就是生产后身体各种多余的赘肉。虽然医生会告诉你："好了，再过一段时间你可以运动了，可以去恢复你的曼妙身材了！"但是，梦想与现实总是有距离的，哪有那么简单！

怀孕胖了不少，荷尔蒙的分泌如潮水般涌来，宝贝有时不分日夜地哭闹——这些都曾经打乱了我的产后运动身材恢复计划。但我还是想方设法坚持了下来，人们常说"饭后百步走，活到九十九"。确实，慢走这种有氧运动对于女性减肥的妙用真不可小觑。我经常在每天晚饭后去散步。晴朗的夜空下，清风拂面，花香袭人，一天的劳累和烦恼都被抛之脑后，这真是一种难得的人生享受，何乐而不为？

除了散步，很多平时的生活场景都可以变成我们的"移动健身房"。比如对于喜欢在家做家务的姐妹们，当我们拿起吸尘器和抹布，动手做家务不就是很好的四肢训练吗？平时上下班也可以暂时和我们的爱车告别，坐公交、跑步或者步行上班都是值得提倡的。骑单车通勤也是不错的选择，让我们回归自行车出行的年代，既环保又健身，一举多得！

早高峰写字楼里的电梯肯定特别忙碌，别人上下电梯的时候你完全可以选择爬爬楼梯，既能锻炼身体，又避免了和人潮的"亲密接触"。但要注意的是爬楼梯一定不要每天都进行，毕竟是一个伤膝盖的运动，要适可而止。

即便是周末休息的时候，也不要一直赖在床上看书或者看电视剧了，约上家人或三五个知己好友，借着大好的天气出去爬爬山、游游泳，或是去郊外散步，同时还能跟家人、朋友交流交流感情。

有些妈妈们读到此处可能会抱怨，带孩子已经非常辛苦了，哪儿还有精力锻炼？实际上，很多妈妈不喜欢运动的一个原因，就是觉得运动没有乐趣。其实，有一些亲子互动的运动，可以让你享受运动的同时，得到难得的亲子互动时间。"独乐乐不如众乐乐"，做有氧运动时，最好能吸引孩子和家人们一起来参与锻炼。喜欢运动是孩子们的天性。运动中，孩子们可以呼朋唤友，可以和妈妈亲昵互动，可以感受生活的乐趣，孩子们当然会乐此不疲。

为了增加运动强度，让身体达到满负荷的状态，我会和先生一起推着婴儿车，让 Mitchell 或 Chelsea 坐在里面，大家一起跑。许多幼儿学校也有类似的比赛。赛场上，孩子们笑逐颜开，家长们竞相角逐。每次我和先生都跑得满头大汗。当我们浑身疲累，难以坚持之际，一看到婴儿车里孩子们痴迷享受的样子，就会咬紧牙关，鼓励对方坚持跑到最后。而因为有了孩子的参与，这种运动始终弥漫着快乐的味道，这也成为我们全家亲子互动、享受生活的家庭节目。健身与亲子活动一举两得，真是人生乐事。

喝茶也是我瘦身的一大法宝。产后饮茶，既能消脂又能修心，一举两得，轻松兼顾。但因为茶里有大量的咖啡因，如果晚上饮用容易失眠，所以我经常选择上午时分沏一壶普洱茶。有些妈妈一边喝普洱茶，一边给孩子喂奶，这种方法大错特错，因茶里富含咖啡因，对孩子的发育极其不利。但给孩子哺乳后，妈妈们则可以开怀享用普洱茶，这是没有禁忌的。

喝柠檬水也是非常好的清肠减肥方式。很多妈妈产后水肿，喝红豆薏米水可以去湿消肿——我们平常所说的"浮肿"，其实主要由体内多余的水分引起，薏米是很好的排湿食材，可以大量消除多余的水分；红豆是补血、养颜的佳品。红豆薏米兼有补血和消肿的双重作用，既好吃又养生。

百香果加蜂蜜也是不错的选择。百香果含有丰富的维生素 C，还含有钙、磷、铁和多种氨基酸及微量元素，对于身体微量元素的补充有很好的效果。并且百香果果酸和膳食纤维可以作用于消化系统，对于胃胀、食欲不振、便秘效果很好。蜂蜜的润肠通便效果非常好，两者结合之后可改善便秘。每天喝百香果加蜂蜜茶，不仅减脂降压，还能美容养颜，提高身体的免疫力，延缓女性衰老。

生完宝宝之后妈妈的脂肪都很松软，这时不要盲目着急，可以通过穿塑身衣来管理我们的脂肪，把游离的脂肪固定到合适的位置。产后用的塑身衣一般集中于胸部、腹部、下肢部位，这些部位是因妊娠分娩外形发生较大变化的部位，新妈妈可以根据自己生产的方式来决定穿塑身衣的时间，一般顺产为产后一个月，剖腹产为产后六个月。不建议哺乳期的妈妈穿塑身衣，因为会造成乳腺血流不通畅，形成乳腺增生。要丰满不要骨感，妈妈们要根据自己的情况来调节，适合自己的才是最好的。

为了拒做黄脸婆，很多女人都非常注意保养自己的脸蛋，面对美容养颜效果好的化妆品真的是不惜代价地拥有，只希望能留住自己的青春。其实，女人的皮肤一定要由内而外的保养，不仅仅化妆品要用得好，用得适合自己，最重要的是要学会调理自己的气血，应多多了解食物的功效，通过"吃"来"滋润补养"，既保健身体又享受了生活。人体皮肤的主要功能是"屏蔽外界，保护自己"，皮肤的吸收功能相当有限，绝对不是你抹什么就吸收什么，你抹多少就吸收多少的。护肤品的主要作用就是润肤而已，就跟我们为自己的皮衣、皮鞋做保养是一样的道理，如果你每天不断用各种保养品折腾你的皮肤，天长日久皮肤只会越来越糟糕。学会用科学健康的方法，调补气血，气色就能慢慢好起来。这就是由内而外的滋养。我们要了解自己的身体，了解食物的特性，找到适合自己的食疗菜单。

宝宝喜欢在半夜醒来，而且需要很长的时间哄他们，因此，很多妈妈都不能保证高质量的睡眠。在这里我想提醒大家"禁止熬夜""禁止熬夜""禁止熬夜"——重要的事情说三遍！因为宝宝而打扰到睡眠，妈妈们无法改变，这就要求我们做事要有规划，同时要学会利用碎片时间（后文我会谈到），比如趁宝宝睡觉的时候好好补充睡眠。睡眠不足，会影响人体激素的分泌从而导致身体代谢水平下降。这是减肥的大忌。上班后的宝妈们如果你真的希望自己身材标准，身体健康，那么一定要从自己的生活习惯开始改变，一定要养成早睡早起的习惯。充足的睡眠可以保证第二天充沛的精力来工作，所以一定不要熬夜，熬夜对身体的伤害是你不可预估的。

当我们在完成内调"大业"的同时，也不要忘记修炼外在的功力。内调是为了让我们更加健康，而外在打扮会让我们更加幸福和自信，爱美是女人的天性，学会欣赏一切美好的事物，当然也包括追求上进的自己。日常生活里学会利用那些让我们感到自信的时尚单品，就离"时尚靓妈"不远啦！比如说一支小小的口红。爱美之心，人皆有之，口红色泽的演变也体现着人类对美的永恒追求。不管是白雪皑皑的冬日还是烈日炎炎的夏天，一抹红唇总能赋予你独一无二的风格，让你瞬间展现女人的魅力，吸引所有人的目光。红唇可以提亮肤色，缓解倦容，具有瞬间振作精神的效果，一秒钟提升一个人的气质恐怕只有口红具备这样的神奇力量，一支口红可以改变一个人的容貌。蓬头垢面的妈妈，传递给孩子的是消极与阴郁。而当你因为一支口红而一扫萎靡不振与肤色暗淡的时候，传递给孩子的就是积极、乐观、开朗。

当然，除了面容修饰的物什，你还有很多很多其他的心爱之物。奥黛丽·赫本曾经说过："当戴上丝巾的时候，我从没有那样明确地感受到我是一个美丽的女人。"丝巾也是女人百变美丽的必杀器。丝巾就像住在女人心中的一个精灵，缠缠绕绕层层叠叠中，都反映着女人的不同心态和情怀。质地轻薄、颜色多变的各款丝巾，为服装制造出层次，更能与包包、帽子等配件变化出各种搭配，并替你换季装束增添鲜明的个人风格。丝巾既像个人服装品位的注解，也似正餐旁附的可口 Side Dish，让人胃口大开，精神一振。

类似的"小东西"还有很多很多，平时闲下来可以随手读些时尚杂志，不断提高自己的"时尚敏感度"。但是我也要在这里借用香奈儿女士的话来提醒大家，"时尚易逝，而风格永存"，所以我们不要去盲目地追逐前沿，紧跟潮流，这样永远都会被滞后感带来的"时尚焦虑"所裹挟，我以为更重要的是，在提升自己审美和塑造美的过程中形成自己独特的风格，让所有的单品都为我所用，才能成为独一道的风景，拥有专属于自己的气质。

　　人生的色彩是自己拥有的，是自己描绘的，爱美的人会打扮的人只是格外懂得发现、欣赏生活中的美而已。有人拥有自己的房子，但是不会布置，而有人就算住租来的房子也能用心布置，把平淡乏味的日子过得如花般绚烂多彩。会打扮是一种天赋，是一种从小就耳濡目染、深入骨髓的触觉，这种触觉，长大后就会自然而然地流露出来，成为一种让旁人艳羡的优势。其实，只有从小就培养美的孩子长大了才有出众的气质，才会拥有"公主"与"王子"般高傲的美！

第四节　我的健康生活六字箴言

　　健康不是一切，但没有了健康就没有了一切。在现代社会，人们的生活方式以及娱乐方式很多。但是生活习惯却是越来越不健康，比如应酬喝酒、工作熬夜等，对身体有很大的伤害。世界卫生组织总结了影响健康的各种因素：健康 = 60％生活方式 + 15％遗传因素 + 10％社会因素 + 8％医疗因素 + 7％气候因素。

由此可见生活方式的管理是非常重要的。作为一名妈妈、一名妻子，我义不容辞地带领家人选择科学健康的生活方式，并且总结成健康生活六字箴言：伸、缓、早、搭、动、少。

伸，指的是伸展、拉伸。早晨起床用几分钟的时间做上几组拉伸运动，拉伸全身的筋骨，对身体是非常有益的，不仅能达到提神醒脑的作用，还能加快血液循环，有利于身体排毒。

缓，指的是深呼吸。早晨醒了之后不要着急起床，慢慢吸气、呼气，做一个深呼吸，将积累一晚的废气吐出，既可以养肺，又能够唤醒身体的各项机能。

早，指的是早睡早起、吃早餐。早睡早起可以让我们的内脏得以休息，促进新陈代谢顺畅的发挥；人体是有固定的生理周期和规律的，早睡早起皮肤会变得更好，白天精神也会更好。吃早餐可以给身体提供足够的能量，提高工作和学习效率；可以促进肠胃蠕动，让我们的肠道免疫系统更加健康；可以预防胆结石的发生，好处多多。

搭，指的是搭配。奶类、肉类、蔬菜、水果和五谷，要搭配均衡，每天摄入不同的食物，才能获取均衡的营养。比如，每天要摄入七种颜色的果蔬，每种颜色的果蔬都会提供独特的相互补充的营养素。我们日常生活中需要摄入大量的高营养食物：蛋白质、脂肪和糖分，同时要注意保持这些营养成分的比例：糖分 55％，蛋白质 15％，脂肪 30％。然而，光注意降低脂肪、控制胆固醇摄入和增加蛋白质摄入并非最好的营养之道，人在不同的时期对营养的需求也是不一样的。

动，指的是由内而外的放松。在工作和学习时要注意休息，我们的大脑高强度工作 40 分钟之后，很难再继续集中下去，应该做适当的运动，让我们的大脑与身体得以调整，才能高效率的完成接下来的工作。

少，指的是少调味品。饮食中要少油、少盐、少调味品，有些调料甚至会对身体造成伤害，口味清淡，尽量使用薄荷叶、柠檬等天然调味品进行烹饪。既可以有效预防三高，对我们的胃也有好处。

每天早上 7 点钟起床之后，我和老公一起做几组伸展运动。随之叫醒两个宝宝，带着他们从上到下做 5 次，伸伸胳膊、拽拽腿，相当于一个大大的懒腰，不仅身体上舒服，精神上也更清醒了。

接下来，我会打开几首轻缓的音乐，和孩子们轻哼着歌曲去洗漱。之后就进入了早餐时间，煎蛋、煮蛋、面包、奶类、谷物类、奶酪合理搭配，给孩子打包带到学校的水果，营养均衡。家中饮食每天都会摄入谷物类、蔬菜、抗氧化食物，孩子每天吃些坚果，一周 3 到 4 次鱼类、海鲜，2 次牛肉，严格按照健康的生活方式饮食。关于给孩子们的健康膳食的相关内容，后文会有更为详细的介绍。

我的爱人很喜爱运动，我们会经常找机会与孩子们一起运动，做他们的榜样，培养他们的兴趣。我认为，运动是贯穿人一生的事业。我们给儿子报了一些运动的兴趣班：足球、篮球、橄榄球、击剑、跆拳道；女儿学习艺术体操、芭蕾。我自己会练瑜伽、跳舞。每天晚上和先生拿出 40 分钟的时间跑步、做 Keep 等运动。

每天晚上我会用 1 小时的时间念佛经，让自己在一天繁忙的工作后能沉静下来。孩子们则是看自己喜欢的各种书籍，从小我就告诉他们，看书可以让他们学会更多的知识，希望这能成为他们的一种信仰。

在家中，我和爱人一直践行着这样的六字箴言，健康的习惯很难发展，往往需要改变我们的思维方式。但是为了自己有一个健康的身体，能更好的去陪伴爱人、陪伴宝宝，有什么是我们不能做的呢？更何况是对自己身体好的事情。

第五节　培养蕙质兰心的气质

每个人都希望留住自己的青春，希望自己可以永远年轻，但我们是做不到的。尤其是妈妈们在生育之后长期照料孩子，自己的脸上和身体都会平添儿多岁月的痕迹：必须面对一个事实"我不再年轻了"。俗话说，岁月是无情的，再漂亮的女人也逃脱不了时间的魔爪。也许我们斗不过时间，但我们绝对可以冲破人老珠黄的怪圈，让我们优雅地变老。

在生活中我们要保持一颗少女心，对任何事物都要有好奇心，不要墨守成规。如果想让我们的宝宝有创造力，首先妈妈们要保持自己的好奇心。我现在还特别喜欢去迪士尼乐园，前不久，我们一家人去迪士尼乐园游玩，我甚至比孩子们更开心。在迪士尼游轮上给孩子们讲迪士尼公主的系列故事——白雪公主、仙蒂公主、爱洛公主、爱丽儿公主、贝儿公主等，告诉孩子们，这些公主最显著的特点就是温柔善良、勇敢坚强，每一位公主都十分独立，有不服输的精神。女儿听完情不自禁自言自语：原来公主不仅仅漂亮，还特别勇敢善良，我也要做贝尔公主。

少女心与公主梦不是"公主病"，相反它是最柔软最可贵的东西，我们在生活中最可怕的不是人老了，而是心老了。少女心是一种热爱生活的心态，抱着单纯的、纯粹的、美好的态度看世界，是永远不会衰老的。无论我们的年龄多大，内心都像孩子一样柔软。

我想把公主梦的心态传递给孩子们，女性要有一种内在力量，遇到困难时不服输、勇往直前，我希望孩子们可以从小有好奇心，成为有创造力的宝宝。

另外，修炼内涵美的一个重要法宝就是阅读。阅读真的可以让一个女人由内而外散发出知性的美。而且，你也可以通过自身的阅读行为感染孩子、培养孩子的阅读兴趣，让孩子喜欢上读书是父母给孩子的最好礼物，也是家庭教育成功的标志。孩子喜欢阅读胜过纯粹的学校教育，胜过一台计算机，胜过最高级的大学文凭。热爱阅读可以改变孩子的一切，使孩子一生受益。关于阅读对我的改变、对孩子的意义，我会在后文中详细讲述。

可能接触过我的人会有一个切身的感受，那就是我喜欢笑。笑容，是一个女人最好的美容品。乐观是保持自己身心年轻的强化剂。尤其是当了母亲之后，我经常提醒自己，要永远把充满阳光的笑脸面向孩子，把阴影留在身后。经常微笑的女人，不光能使自己变得开朗，也会给身边的人带来活力。就像一个小太阳，把温暖带给别人，驱走人世间的寒冷，变得欣欣向荣。所以，无论生活中遇到怎样的不顺心，工作中遇到怎样的困难，都不要板起脸面对孩子。

作为一名妈妈，我们修炼自己的气质和内涵。气质是一种由内至外散发出的女性气息，是一种内在的优雅、从容的魅力。我们大可不必为青春逝去而郁闷惆怅，因为我们的美不在于外貌而在于内涵。

姐妹们，我们千万不要担心因为生了孩子而失去了魅力。在我看来，最完美的女人在不动声色地平衡着家庭与事业。她们会用十二万分的精神开创自己的事业，也会用万种柔情和一点灵犀经营好自己的爱情，更会用最平等最科学的方式教育子女。事业上，她们自信满满、全身投入，指点江山、硕果累累。爱情天地里，她们亦嗔亦娇、真诚付出，无怨无悔追寻真爱。育儿方面，她们把美德、善行、良好的习惯传给了孩子们。这样的女人，实现了事业与家庭的双丰收，这样的女人领悟了人生的真谛，这样的女人幸福无比，这样的女人才是最具魅力的。

第二章　因为孩子，我开始思考时间对人生的意义

　　我曾经一直认为，女人需要有自己的一番事业，而家庭只是停下来歇脚的地方。但自从结婚后，尤其是当了母亲之后，我才发现以前的想法太过简单，现实生活的种种让我清醒，家庭与事业的冲突赤裸裸地摆在我面前，使我经常陷入非此即彼的困境。我一度陷入沉思，是要继续自己的事业，继续风风火火、忙忙碌碌下去，还是回归家庭，踏踏实实地做一个好太太、好妈妈？经过一番琢磨我才明白，作为一个女人，最幸福的事情不就是能有一个温暖的家？而我现在已经拥有它了，何不好好经营，却要舍本逐末呢？而且，等我渐渐熟悉各类场景的切换后，开始觉得这二者也未必不可调和。如果你能够做好"时间管理"，你可以把雷厉风行的女强人与充满爱心的母亲这两个身份融合起来。

第一节　时间管理是职场妈妈的必修课

不管一个女人在事业上的能力有多强，到最后她还是要回归到爱与家庭中。所以，任何理由都不应该成为我们拒绝成为母亲的理由。孕育下一代，真的是女人一生中最幸福的事情。但随之而来的也是必须要考虑的，就是抚育孩子和个人事业奋斗乃至自由生活之间的冲突问题了。然而在我看来，只要你有良好的时间规划能力，能够掌控好你自己的时间，进行有效的时间管理，那么，当了妈妈之后再繁忙，你也会有条不紊，也会从容应对，也会感到满满的幸福。况且在我看来，幸与不幸的感觉皆由心而生。心以为乐则是境皆乐，心以为苦则无境不苦。

在我 16 岁那年，一次偶然的机会，我读到了一本《亚洲华人企业家传奇》的书，当我读到把自己喻为牛的王永庆一向追求"止于至善"，他 52 年如一日，每天晚上 10 点睡觉，2 点半起床办公，每周工作 100 多个小时的时候，我被震撼了。这是多么的自律啊，他为了每天高效率的应对各种事务，竟然将自己的时间规划精确到分钟。于是，我也从那时候起，养成了制定时间规划的习惯。

我曾经开过很多家公司，有的很成功，有的并不顺利，这都耗费了我不少的精力、体力。加之工作原因，我需要经常面对公众和媒体，有时一天就要面对很多采访，或者到处参加商务活动。不过，身为职业女性的经历让我非常清楚：凡事要学会取舍，有"舍"才有"得"；

大舍才能大得，不舍便不会得。同时，要掌握见缝插针的技能，提升效率。我在长年的事业打拼中养成的良好而高效的工作和生活习惯，恨不得1分钟掰成120秒用，不放松所有模块化的时间，也不放弃任何碎片化的时间，所以当我面对迎面袭来的种种难题时，也一直提醒自己忙而不乱，慢慢地将工作和家庭都理顺了一些。

不管是生活还是工作，我在做事之前都会列一个计划表，按计划进行。创业以来，我更认识到科学有效的规划对于把事做成做好是何等重要，在公司招人时我也会把这一项能力作为考察的一个重要方面。一年之计在于春，一日之计在于晨，培养孩子的规划时间的能力这一大计也要从小抓起，因此我十分重视在日常的小事中去影响和教育孩子要有时间观念，重视关于时间的承诺。

对于时间管理，我首先会培养孩子的统筹能力。在 Mitchell 四岁半时，我就开始引导他尝试一些简单的计划书，然后我会帮他订正后完成一份中英文对照的计划表。

一天 24 小时，时间和精力都是有限的。对我来说，工作时间 8 小时内肯定是给事业，除此之外 7 到 8 个小时用在休息，剩下的 8 小时要和孩子和丈夫分享，还需要自我成长。那么碎片化时间如何利用能大大的提高效率。利用碎片时间，在简短的零碎时间里，同时执行几项任务。心理学称具有这项能力的人为"多重性任务者"（Multi-tasker）。例如，一边整理衣物，一边给孩子讲故事；一边喂奶，一边看书，碎片化时间利用就是一种能力比较强的时间管理。当我们提升了效率自我效能感越高，我们就越有信心按照已经安排好的时间去完成任务，就更愿意想办法把时间管理做得更合理有效。

对于忙碌的职场妈妈来说，如果工作与亲子时光都不想放弃，那就只能挤压自己。因为，这个世界上从来没有工作与生活的平衡，有的只是放弃多与少的问题。总结起来，职场妈妈完全可以巧用工作之余的碎片化时间。只要愿意，我们谁都可以利用碎片时间，而且谁都有碎片时间。做家务的时候可以听学习音频；陪孩子玩的时候可以练习深蹲、托举保持身材，这和很多人坐车时候在看电视剧，道理是一样的。职场妈妈们最好不要把工作带到家里。一边看手机，与同事聊工作，一边陪孩子，这恐怕是孩子最不愿意看到的场景了。我每天下班回家推开门，Chelsea 她都会像一颗小子弹一样冲向我、击中我，挂在我的脖子上，黏住我的身体，一刻也不愿意分开。这也是职场妈妈最幸福的时刻吧。

鲁迅先生说："哪有什么天才，我只是把别人喝咖啡的时间用在工作上。"我觉得这句话可以看出，他也是具备了利用喝咖啡这种碎片化时间的能力。利用碎片化时间完成大块的工作。许多成功的人，都有这种能力。现在你可以问自己一个问题：可以利用的最小时间单位是什么？是 1 分钟还是 3 分钟？你的 1 分钟可以干什么？你的 3 分钟可以干什么？你的 5 分钟可以干什么？你的 10 分钟可以干什么？给自己一个答案。

当你的碎片化时间找不到合理的用途的时候，它的最大可能就是浪费在无意义的事情上。每一样碎片化时间单位找至少 3 至 5 种有价值的用途，比如 3 分钟时间内你可以做一组深蹲，刷一下朋友圈，给孩子讲一个故事，回一个工作电话……然后你要进一步思考在地铁上的3分钟你能干什么？在办公室的3分钟你能干什么？在卧室里的3分钟你能干什么？

我的另一个建议是动手做一张表格：把你的碎片化时间单位用途和你生活中的情景关联起来。这样在任何场合你意识到你有几分钟的碎片化时间，你马上可以安排零碎时间完成一件小工作，而不是临时去想你能干什么。而一旦你的碎片化时间用途越多，你的时间支配自由度就越高，你就越能自由组合时间碎片完成不同的工作，大大节约你的大块时间，或者提高你大块时间的利用效率。

有很多妈妈和我抱怨反馈，恨自己不是孙悟空，一个分身也没有。那么就需要这些妈妈培养积极、高效的学习和生活方式，在别人荒废的时间里崭露头角，设定一个完成目标徐徐渐进。碎片化时间管理其实也不那么复杂，只要将它合理利用，那谁都有可能成为时间利用的高手。高效的工作生活习惯，模块化的时间不放松，碎片化的时间不放弃，就能做到忙而不乱，工作和家庭上都处理得井井有条。

在此，我还想多说一句，无论多忙，都要给自己留下一些慢时光。可能有人会觉得这不是前后矛盾么？其实不然，这里的慢时光，其实是给自己一个缓冲，给家人一段温馨时刻，这与我前文所说的并不矛盾，正所谓"慢即是快"。

全天下的女人都是一样的，成为母亲后，就要拖着重重的责任，努力地跑着、追着……当不满和抱怨充斥了整个生活，我们就被生活奴役了。要知道，事情永远没有做完的那一天，你不能指望把所有工作完成再去享受生活，不要总是把想做的事寄托在明天，或是等宝宝长大以后。在平时就学会和宝宝一起静静享受慢下来的时光，会感觉生命仿佛在延长。

拿我自己来说，不管自己平时多忙，都会找时间带孩子去听古典音乐，因为在听音乐剧的时候你会感觉时间仿佛停滞了。刚开始孩子可能对这个并不是很感兴趣，甚至有时还会不太耐烦，因为欢快的音乐更容易带动起他的情绪，他喜欢有节奏感的曲子。但慢慢地，我就发现孩子开始同我一起享受音乐剧，有时候给孩子唱一些古典乐的唱曲，他也会听得入神，非常享受。每到这时我就会觉得这是人生中最快乐的时刻，因为在这个时间里，你什么都不用想，什么都不急着做，就只是安安静静坐在壁炉旁，和孩子依偎在一起。所以我也想借此和妈妈们说，不管自己多忙，哪怕只是喝咖啡的时间或者做运动的时间，你都可以带着孩子一起去享受这个过程，甚至你可以一边看书一边哄宝宝睡觉，看着孩子徐徐熟睡在你的怀里。现在的生活节奏太快，不管是职场妈妈还是全职妈妈都很少有时间去休息，所以停下来享受慢时光，恰恰是需要格外珍惜的一件事。

除了听音乐，通常孩子们放学回家后，我也会给他们讲讲故事。放下所有手中的事，三个人依偎在一起，吃着糕点，喝着酸奶，一起进入不同的故事情境，穿梭在不同的时空，体会着不同的童话，一起享受这美好的时光。那一刻你会感觉时间过得很慢，仿佛一切都停滞了，所谓天伦之乐，莫过于此。晚上哄他们睡觉的时候，我也会给他们讲童话故事，有时一讲就是一个小时，听到兴起他们还会向我提出问题，或稀奇古怪，或奇思妙想，但都有趣极了，然后看着孩子们慢慢进入梦乡，那种情境非常美妙，会让人觉得一切都很值得。

第二节　把规划时间的能力传承给孩子们

法国思想家、文学家罗曼·罗兰曾经说过："唯一有说服力的教材是榜样教材，生活比学校更能提供这种教材。"我非常认同这句话。从一开始，我非常渴望将孩子培养成为一个极具时间管理能力的人，因此，作为母亲，作为他们的榜样，我就必须以身作则进行好时间管理。

我是一个很喜欢做计划的人，因此，在我的带动下，我的孩子也学着为自己一天的生活制定计划。计划好定，难在执行。在孩子制定计划后，我会先询问他的想法，让他自己先按照事情的重要程度进行排序，并用不同的符号标注出来，让他清楚哪些是必须要做的，哪些可以有些调整。其实这样是让孩子在潜意识里感受到，计划并不是一纸空文，而是需要切实去执行的。

在这个基础上，如果我认为会有更好的安排，会提出我的想法跟他交流，当然，如果他坚持自己的意见，可以试着说服我。有时，我会在他的计划表的某些项目后面画上糖果的符号，比如在做阅读后面，如果他能坚持在书桌前完成一个小时的阅读任务，我会给他一定的奖励。这一点我认为除了能够帮助他养成列计划和遵守计划的习惯之外，还能培养定力。幼儿园时期的小孩子往往贪玩，坐不住，有些妈妈甚至怀疑宝宝是不是有多动症等等，贪玩是孩子的天性，这一切都是好奇心所致，与其一味压制，不如循循善诱、恩威并重，才能不激起孩子的抵触情绪。同时妈妈们也要知道，虽然兴趣是最好的老师，但往往孩子在坚持做一件事一段时间并从中获得一定的成就感后，更容易形成兴趣，这也就是正反馈效应，那么作为妈妈，我们可以为他们建立一种奖励机制，让他们在做这些事中不断获得成就感和乐趣。

其次是让他们意识到守时是一种责任，按时赴约是对别人的尊重。自从两个孩子有了参与某些活动的意识之后，我就一直教导他们做任何事只要约定好了就不要迟到，迟到是在浪费双方的时间。

比如说 Mitchell，在他 4 岁以前，对时间是没有观念的，每天的事情没有计划，拖拖拉拉。有一天，学校全校师生都在礼堂开会，由于 Mitchell 玩玩具，我们到学校时校长正在讲话。看着全校师生都在礼堂，这么多人他找不到自己的班级，特别着急。我也很尴尬，带着他从侧面挤到他们班级。那 10 分钟，在我看来是十分漫长并且煎熬的。孩子放学回到家之后，我用这件事告诉他，以后千万不可以迟到，对自己对他人的影响都是很大的。

还有一次我们去参加聚会，所有被邀请的人都到了，我们才姗姗来迟。到场之后，大家很关心的询问我们为什么迟到，是不是堵车呀？其实也是因为孩子的事情耽误了时间，我告诉先生，一定要把守时的好习惯告诉孩子，让他们有时间意识。

自从这两件事之后，儿子去哪里都没有迟到过，哪怕偶尔感冒生病，只要他自己坚持要去，那就依然会按时到达教室，问候老师和朋友们。

最后，一定要相信孩子，给他们一定的空间去自由合理地安排时间。我还记得《家有儿女》每集播完，主题曲都会唱"给我一片自由自在同龄人广场，让我们自己创造也许会更好，不知不觉就会超过你们的想象"，我相信这就是孩子们的心声。如果所有事情都由妈妈安排好，那孩子对时间的概念就会比较模糊，长此以往也会形成对妈妈的依赖，当他们长大要自己去处理事情的时候，往往会无从下手，下意识去寻求妈妈的帮助，难以有主见。我们可以把一些事情提前告诉孩子，比如今天有击剑课或者要看表演，剩下的时间给他自己分配。再比如就像前面所说，完成一项任务可以吃零食、可以跟小朋友玩，这样孩子慢慢的就不仅可以自己规划时间，还会认真把事情完成。

有时候孩子能做到的真的会远远超过我们的想象，拿 Mitchell 举例，有时他会跟我说"妈妈，我现在去画画，画完之后去看书"等类似做出口头计划的话，而且他也可以记住一星期每天都有什么固定安排，甚至比我的记忆力还要强，我能感受他已经有了非常好的时间观念。比如有一次带 Mitchell 去朋友家做客，到晚上 8 点钟他就执意要回家。我还在跟他说，你今晚可以跟小朋友多玩一会儿，当时没有意识到原来他察觉到晚上 8 点，到了每天要写作业的时间，应该回家了。这一点让我非常惊讶，同时也很佩服他能拥有的这个优点。

同样，信守诺言对于我们来说也一样重要，如果答应他们有奖励，就不要对孩子食言，否则他不仅会认为诺言一文不值，也会认为我们不够尊重他们，会有失落感，以后再跟他有什么约定都不会得到信任了。孩子是纯洁的，我们的一言一行都会在他们那里得到最单纯的反馈。所以无论是给他在计划表上标出的奖励符号，还是曾经做出的口头承诺，我都会尽力把它们变成现实。

第三节　分清轻重缓急，学会优先排序

单身时疏于制定时间计划，可能影响并不明显。有了紧急的事情，时间实在安排不开，大不了熬个夜，事情也就搞定了。但自从当了母亲之后我才发现，如果不进行时间规划，不分轻重缓急，不会优先排序，那么你的生活将乱成一锅粥。

很多宝妈辛苦了一天，躺在床上的时候只能感叹"养育孩子的辛苦"。当我面对孩子的需求，以及自己的求学和工作压力时，一向是按照要做事情的轻重缓急来安排的，严格的按照先急后缓的原则，让我可以充分利用时间，高效率地完成每一件事。

其实，最初的我也经常陷入"手忙脚乱"以至于想放弃的境地。"理想很丰满，现实很骨感"，有时计划也会陷入难以执行的尴尬和窘境中。翻开日历计划，有时候密密麻麻的计划安排，会让我眼花缭乱，这些事务个个迫在眉睫，其中也不乏棘手而紧迫的项目。

一开始，千头万绪的事务工作纠缠在一起，把我紧紧束缚，就算是有三头六臂也实在难以应付，有段时间我甚至挤不出时间亲自去接孩子，只好请人代劳。而 Mitchell 回家后，脚一进门，也只能听到我简短的机械式问候："Hello，Mitchell！你今天过得还好吗？"而心里也不管他如何作答，早惦记着其他事情去了。

焦虑在一点点蔓延，压得我几乎喘不过气来，时常感觉自己就要崩溃了。可最让人无法接受的是，即使我忙得焦头烂额，却依然有可能费力不讨好。一个很明显的例子是，一旦我忙得不可开交，Mitchell就会一改往日的活泼可爱，变得爱哭爱闹，乱发脾气。其实我也知道，他是察觉到了妈妈状态紧张，进而也受到了影响，小孩子不懂表达，只能通过情绪化的反应表现出来。每每想到这里，我就会觉得对不起他，他只是需要爱和体贴，需要我再多陪陪他啊。

怎么办？彷徨之后是清醒，重压之下是厘清，一团糟的时候，逼迫我尽快抉择。是的，"家有三件事，先从紧处来"，无数次的煎熬之后，如何优先排序的问题自然而然地摆在了我的面前。

每天早上醒来，我都会梳理一下当天的安排与时间节点。要做的每一件事情都写下来，明确自己手头上的任务。不要轻信自己可以用脑子把每件事情都记住。分别做好短期时间的规划和长期时间的计划。做每件事情大体需要的时间规划出来，早上洗漱、换衣、早餐花了多少时间，上班花了多少时间，商务会谈花了多少时间……把每天花的时间一一记录下来，按照您的时间表来执行，这和记账是一个道理。长远的时间规划里，每件事需要的时间预算都要做到心中有数。优先排序，取舍有数。按计划办事，不做无谓的浪费。

优先排序是一种极为有效的理工科思维方式。按照优先排序，将不同性质的事情，按其重要性、紧急性、代价比等麦肯锡不重复、不遗漏法则进行权衡考量后，我们的思路就会豁然开朗，迅速作出决断。

特殊情况下，如果碰到非常复杂的选择难题，我也会像处理工作业务一样，采用通用麦肯锡四象限选择法作出决定，这会更加准确、快速。

所谓四"象限"：一是重要又紧急。例如，即将到期的工作、需要及时处理的危机等。二是不紧急但重要。例如，建立有效的休闲、新的发展机会、人际关系、制订长期工作规划、防范措施等。三是不重要但紧急。例如：部门例会、常规的行政事项检查、办公室的不速之客等。四是不重要也不紧急。例如：看电影、客套的聊天、漫无目的的上网、个人游玩等。我们平时的工作都可以放到这四个象限里进行分析，这其实是著名的"四象限分析法"在时间管理上的应用。

处理这四类工作的顺序通常是：先第一象限，既紧急又重要的，这类工作应该在第一时间做，并投入足够的时间和精力；接着是第二象限，是重要但不紧急的，应该有计划地做；再到第三象限，紧急但不重要的，应该马上做或授权他人处理；最后才是第四象限，既不紧急也不重要的，要学会舍弃，尽量不去做。通过优先排序，做出必要的取舍让事业和家庭更和谐。

按照此方法，一段时间后，我发现孩子们的脸上又流露出了久违的快乐笑容，和爸爸妈妈也更加亲密了。孩子有了进步和成长。我仿佛也开始在各项任务决策中变得游刃有余——"有所不为，才能有所为"，显然，通过优先排序，为了孩子们做出必要的取舍和牺牲，是值得的。

此外，我还想给各位读者一个建议，在教育孩子的问题上，我们都要努力成为一位规划高手。我的建议是，有条件的话可以借助他人来帮助处理一些家务活，这样能节省出大量的时间用来思考自己的工作和学习。这样可以减少妈妈的焦虑，同时让孩子跟不同的人生活也是一种锻炼的机会。

第四节　快妈妈背后一定有个慢宝宝

商场如战场，容不得你有半点犹豫与拖拉。多年的创业经历，让我养成了雷厉风行的做事风格。但是，有了孩子以后，我开始反省自己之前的"一味求快"。当了妈妈的人，对待孩子应该要有这样的一个心态：牵一只蜗牛去散步。我们不能走得太快，蜗牛其实已经尽力爬了，虽然每次总是挪动那么一点点。当我们催促它、吼它、责备它的时候，蜗牛用抱歉和委屈的眼光看着我们，仿佛说："人家已经尽了全力！"我们用成年人的速度拉它，希望它能追赶我们的速度，甚至蜗牛受了伤，流着汗，喘着气，我们依然可以看到它在努力的往前爬。这就是我们的孩子！

做事磨磨蹭蹭，起床慢慢悠悠，写作业拖拖沓沓，一边玩一边学！很多时候你越着急，孩子越不慌不忙的。亲子冲突一触即发。当妈的天天处于崩溃的边缘。我非常理解这些妈妈的心情，但在解决孩子的磨蹭问题之前，要先请妈妈检视一下自己的教育方法。是不是孩子一慢，你就忍不住唠叨？是不是孩子一慢，你就忍不住上前帮忙？因为你心急，嘴上就会不停的唠叨、催促、不满、抱怨、讲道理，甚至指责和打骂。

孩子有自己做事情的节奏，妈妈不能以成人的标准来规范孩子的行动，否则就是种入侵和越界。很多时候，孩子做功课、做家务、生活细节上会比成人效率低、速度慢，并不是因为拖拉，而是能力有限。他刚刚接触到新的技能，需要时间练习。

孩子只有在自己最舒服的节奏下，才能最好地发挥自身潜力。如果这时候总是有人在一旁催促，势必会让他乱了阵脚，手忙脚乱，反而变得瞻前顾后难以提高效率。越是经常被催促的孩子，越容易做不完事情。因为他的心里一直都在反复回荡着"你能不能快一点"的催促，这样的后果就是一味的想要快速地完成，反而因为太在乎时间变得手忙脚乱。

如果孩子稍稍慢一点，妈妈就不能没有耐心，给孩子贴上了"磨蹭"的标签，会强化孩子磨蹭的心理——你看！我就是这么慢。

生活中常常会有这样的现象：妈妈会以"时间来不及"为借口，包揽了很多孩子自己该做的事情。早上时间不够，帮忙穿衣服；出门时间来不及，帮忙喂饭、收拾书包；孩子不懂安排时间，直接排出时间表，精细到吃饭如厕。虽然妈妈一边催促着、批评着孩子，但所有的事情，妈妈都给干完了。

《论语·子路》中说："无欲速，无见小利。欲速则不达，见小利则大事不成。"意思是说：不要追求快，也不要追求眼前的微小利益。我们在一味地要求"快"的时候，所看到的往往只是眼前这一件事的圆满完成，却不利于更大目标的实现。

妈妈为节约时间帮孩子忙，是妈妈闯入了孩子的成长空间，并承担了本来该孩子自己承担的责任——因磨蹭造成的后果。上学没有迟到、作业按时完成、时间安排紧凑，但这一切都是在妈妈的保护罩下进行的，不是他自己自觉自愿努力的结果。

长期下去孩子会形成一种思维定式：虽然做事慢会被妈妈骂，但只要我装听不到，妈妈什么都会替我做的！长此以往，妈妈只会越来越累，孩子也丧失了自己锻炼的机会，做事能力变弱。慢慢形成恶性循环。对孩子独立性的形成，一点好处也没有。

总之，解决孩子磨蹭的问题，根本的是要解决父母的心态问题。

因为我们看到，每一个真正磨蹭的孩子背后，都有这样一个越界的父母。这些父母所催促的，其实都是孩子自己的事。比如吃饭、穿衣服、上学、写作业等。

这样看起来，这些父母不仅不允许孩子有自己的节奏，而且他们好似也没有自己的生活。他们随时随地都在关注孩子，催促孩子，挑剔孩子，这样密不透风的关注和催逼，会不断挤占孩子的心理空间。

于是，原本单纯的事情演变成了关系问题，演变成了权力之争。其实就如同那只一步一步往葡萄树上爬的小蜗牛，我们既不能像黄鹂鸟那样嘲笑它慢吞吞；也不能埋怨牵蜗牛而没有牵宝马良驹散步有多不幸；教育不能急功近利也不能盲目跟风，我们要陪蜗牛一起从容散步、欣赏美景，一起感受孩子成长过程中的美妙……

所以，关于孩子磨蹭这个事，也许我们不仅需要给孩子多一些时间和空间，同样需要给自己多一些时间和空间。

第五节　陪孩子从"小蜗牛"变成"小超人"

　　经常听到有妈妈抱怨："每次吃饭都是把饭从热吃到冷，急死人！早上如果不催，根本起不了床，每天早上说得最多的一句话就是'快点，快点好吗?!'"咱们家里的这些"小蜗牛"大多都是我们成人造就的，现在孩子是整个家庭的中心，很多事情不用开口，父母就已经帮他们做好了、设计好了、安排好了。长期下去，孩子的依赖性就会很强，再加上孩子本身的节奏就要比成年人慢，是我们整个社会的节奏逼着孩子必须跑起来的，所以，就出现了家长无休止的催促，孩子无奈的提速。这也正是我在前文中提出的"快妈妈背后一定有个慢宝宝"这个观点。

　　孩子磨蹭，主要是他还没有时间观念，不了解"快"和"慢"之间所造成的后果，还有就是孩子本身性格决定了自己的行为速度。因此，父母要从小培养孩子的时间观念。可以和孩子一起商量着制订生活日程表，规定好每天早晨穿衣、盥洗、吃饭等所用的时间，如果孩子在计划表约定时间内完成任务，我们可以给予相应的奖励。对于爱磨蹭的孩子，父母要避免当面指责他拖拉、磨蹭，不要给他"我就是一个拖拉孩子"的心理暗示。父母要改指责为正面肯定，孩子为了不让父母失望，下次做事就会有意识地提醒自己快点儿。另外，当他做事的速度比以前加快时，或者当他达到了大人的要求时，父母还可以适当地给予一些物质奖励。孩子就会逐渐自然的形成习惯，就会主动加快自己做事速度，从而也就形成了属于自己的时间节奏。

在纠正孩子磨蹭的问题上家长一定要让孩子自己去吃一些苦头，不要很多事情都大包大揽。一旦孩子拖延了，而家长的出手又很快地帮助了孩子解决因为自己拖延而应该接受的惩罚，那么这样只能更纵容孩子拖延、磨蹭。其实，在一些特定的时候让孩子尝尝"苦头"是有必要的，这也就是人们常说的后果承担。孩子必须为磨蹭耽误的时间而付出代价，这样的小惩罚、小苦头不仅让孩子能明白磨蹭造成的后果，关键是让孩子有自主承担责任的心态，能够用良好的心态面对自己的过失。

家庭教育一定要讲究方法——找到一种最适合自己孩子的方法。孩子的可塑性极强，即使已经形成的坏习惯，只要我们正确地引导孩子，也会逐渐被改正。不要总觉得孩子很小，什么都不懂，作为父母，我们应该把孩子当成一个平等的人来对待，该孩子自己担当的时候就让孩子担当，适当的给孩子一些"你长大了"的信号，提醒他们，这是他们的责任。

孩子做事磨蹭，还有一个重要的原因是他们认为如果自己做快了，节约下来的时间只会带来更多的学习任务，所以他们下意识地故意拖拖拉拉。父母要求孩子做事不磨蹭的前提一定要提前安排好任务，不要对孩子层层加码，要把孩子节约出来的时间还给孩子，如果孩子能够迅速地完成任务，一定要给孩子自由安排生活的权利，孩子可以用省下来的时间做一些自己感兴趣的事情。用这种方法来鼓励孩子提高效率和速度，并且及时给予孩子认可，让亲子关心充满信任。

孩子的注意力本来就很容易受到周围环境的影响，当我们准备让孩子专心的去做一件事的时候，一定要给孩子一个完整的时间，让孩子养成一气呵成的习惯。比如学习时就要远离一切与学习无关的事物，父母也不要过一会就走过去问一下孩子要不要喝水，或拿水果过去给孩子吃。要求孩子在开始学习前完成一切与学习无关的事，比如先喝水、上厕所，吃完点心后再开始学，不要刚写 5 分钟作业，就以上厕所或喝水等理由开始走动。养成好的习惯，学会规划自己的时间安排自己的生活，我们的"小蜗牛"一定会变成一个"小超人"！

第六节　超市也是宝贝学习的优良场所

你总是抱怨没时间教孩子？要我说，那是你不会见缝插针地找机会教孩子。谁也没有规定，宝贝的学习时间只能在课堂上，只能在居家正襟危坐间。其实，带宝宝逛超市也是一个难得的学习机会。

带宝宝逛超市，对许多爸妈来说就是一件头疼的事。孩子天性就是好动、爱玩，尤其进入超市之后，一下子就变得不可控，孩子兴奋于这里有很多好玩的东西、新鲜的东西，他们觉得逛超市和游乐场一样的兴奋！

然而，在很多看重教育的家长来说，带娃逛超市、出去玩，甚至吃饭都是进入了另一个对孩子进行教育的优良环境，在他们眼里，室外美丽多样的植物、游乐场里令孩子兴奋的大型游乐设备、超市里琳琅满目的商品，简直就是宝宝探索的天堂。如果您能有效地利用每一次外出带孩子购物的机会，一定能培养出一个认知能力超强的聪明宝宝。

宝妈们，任何一个场所都可以成为对宝宝进行寓教于乐的场所。在我们对 MC 二宝的教育实践中，感觉效果真的特别好。这种外出学习让孩子对学习没有排斥，学起来很快而且记忆深刻。

景点、户外的游乐场所以及超市的物品都写有名称，字体都是广告的效果，既大又美观，很容易就吸引孩子的眼球，因此，我们很巧妙的利用了这一点，让 MC 在出去玩的时候，在不知不觉中给孩子灌输中英文双语教学。中英文双语的好处在于宝宝不仅仅认识了物品，还学会了中英文文字，增加宝宝词汇量的同时培养双语习惯。尤其是带孩子去超市购物的过程，气球是红色的，茄子是紫色的，柚子是圆形的，猕猴桃是椭圆。超市里的水果和玩具真的比玩具卡片更能让孩子印象深刻的记住这些名字，可以轻松快乐地识字，孩子们对这样的教育一定乐此不疲，而对于家长来说，这是何乐而不为呢？

孩子如何在有限的时间内最有效率地学到东西，是近几年来家长们持续关注的话题，实际上，在出去玩的过程中，家长们可以向孩子耐心描述孩子亲眼见到的各种景致，各种物品的颜色、形状，以弥补很多家长对孩子耐心陪伴和指导的缺失。放手让孩子去辨认一些事情，既能增强孩子的认知能力，又能培养孩子的乐观的性格。

如果在去超市之前，能够跟孩子一起列清楚购物的大致分类清单及预算，你会发现孩子真的会养成做事的条理性。一个做事有条理的孩子，能够有计划地安排作业和其他学习任务，容易养成高效学习的好习惯。家长可以跟孩子一起制作、使用购物清单，这样有了计划、有了目标，孩子自然就不会乱跑、不会乱问一些问题，就会很自然地自己去找他们的疑问答案。而且这样做也是对孩子经济意识的培养，对数学的启蒙教育也能够收到意外的惊喜。

在外出游玩的时候，不管是参观还是买东西时，总会遇到一些简单的加减乘除，我们也可以让孩子自己来试着算一算，孩子在买他想要的东西时，与他一起算一算，让他知道自己花了多少钱。这对孩子的理财意识培养非常有帮助。所以这项工作不妨交给年龄较大的孩子来做。首先，结账付款肯定是需要排队的，可以训练孩子的秩序观念；其次，通过与收银员阿姨的简单交流，能让孩子对金钱观念有初步的认识，能大体知道多少钱能买多少东西。

瞧，超市确实是宝贝学习的生动场所。是不是瞬间觉得我们的生活真的不简单！"没付钱的东西不能拿""动过的东西要放回原处""不能插队"等这些外出的规矩和礼仪，在超市里都能让孩子深刻而具体地体会和学习到。一个在和爸爸妈妈外出表现良好的孩子，在学校、社会就能更好地适应。

第七节　别让孩子把时间浪费到电视上

在育儿过程中，"看电视"是一个避不开的话题。有的人主张应该适当的让孩子看电视，看电视能丰富孩子的认知，有利于孩子的教育。但是，我想说，孩子很容易因为看电视而上瘾，孩子没有时间的概念，长时间地看电视既浪费时间，又影响孩子的健康。本章一直在谈论关于孩子的"时间管理"，我认为，很有必要在本章的最后也谈一谈我对于孩子看电视的一些看法。

几年前英国有专家向国会递交报告，建议政府制定法律禁止家长让年龄低于3岁的儿童看电视。奇幻小说《查理和巧克力工厂》有句台词："千万、千万、千万别让孩子靠近你的电视，最好是别购买、安装，这最最愚蠢的东西。"英国教育专家马丁·洛森说："如果你能让孩子在12岁之前不看电视，他们将终生因为你的禁令获益。"看电视是一种单向活动，锁定了孩子的眼睛，也容易限制和压抑孩子的心智。因为不管在哪，在没有电视的时代孩子是靠阅读获取知识的。

我是不提倡孩子看电视的，或者不提倡过多地看电视。尤其是0到3岁的孩子，他们还在成长的初期，如同一张白纸。电视带给他们的影像，某种程度上会影响他们以后世界观的形成。对家长来说，电视或许是能让孩子安静下来的"助手"，但是对孩子来说却没多少好处。如果让孩子养成了看电视的习惯，孩子会集中不了注意力，也提不起兴趣，会沉醉在虚拟的电视世界中。

"注意力"通常分为两种——一种来自外界的刺激，另一种是自身产生的。电视的画面对孩子来说就是一种外界刺激，不停变换的画面和影像占据了孩子的眼睛，同时也吸引了他们的注意力。长时间接受这种刺激之后，孩子的大脑就会产生一种惯性，再做别的事情时就不能很快集中注意力。长此以往，孩子的注意力便会习惯性涣散。更何况如今近视越来越有向低龄化发展的趋势，这与孩子爱看电视和喜欢看电子产品有直接联系。学龄前的孩子身体机能还未发育成熟，眼睛晶状体还未定型，长时间地盯着电视画面使用眼睛会使孩子的睫状肌一直处于收缩状态，加上现在的孩子不喜欢户外运动，更减少了眼睛放松的机会，最终导致视力下降。

电视节目带给孩子的影像世界，不一定是真实的。如果孩子过度沉溺其中，可能会对现实世界失去兴趣，父母与孩子之间的正常互动时间将会被大大压缩。父母希望能走进孩子的心中，而孩子却一味留恋于电视中的故事，亲子间的代沟会逐渐凸显。在孩子成长的前期阶段，孩子对声音和色彩充满好奇心，电视才有机会趁机而入，成为孩子生活中的"必需品"。

孩子喜欢看电视，有时候只是因为没有玩伴。父母太忙，没有人和孩子进行互动，电视就成了陪伴他们唯一的"伙伴"。所以，建议家长在忙碌的工作之后，尽量放松身心地和孩子进行互动。家长可以邀请孩子一起做家务，一起做点心。让孩子在现实互动中寻找真正的乐趣，培养注意力和想象力，提高亲子间的亲密程度，逐渐减少看电视的时间。

再次建议让孩子养成良好的阅读习惯，好的书籍可以成为电视的替代品。孩子接受丰富有趣的知识渐渐减少看电视的次数，所以婴幼儿期间对阅读习惯的养成非常关键，家长可以声情并茂地为孩子讲故事，让他们对书籍充满好奇心，还可以为孩子打造故事里的场景，让孩子身临其境，锻炼他们在现实世界中的表现力。随着孩子年龄的增长，家长可以挑选一些图文并茂的书籍供孩子阅读，并鼓励孩子展开想象的翅膀，让孩子在书籍中寻找乐趣。

家长也应该在日常生活中远离电视，为孩子做表率。减少看电视的时间并不是彻底否定看电视的行为，随着孩子的长大，他们对外面世界的好奇心逐渐增强，而电视可以带领他们认识未知世界，满足他们对外面世界的想象。不可否认的是，还是有很多电视节目值得一看的，它们往往具有教育意义，可以丰富知识，也可以帮助培养孩子自身的价值观念。这就要求家长帮助孩子选择电视节目。

动画片的质量参差不齐，不同年龄阶段的孩子适合不同类型的动画片。比如，随着孩子年龄的增长，很多动画片已经不适合孩子的智力发育阶段，所以家长需要对孩子看的动画片进行筛选。建议家长可以多找一些经典的动画片或者电影给孩子看，不能光让孩子看好玩、搞笑的，应该尽量找一些能够传递给孩子积极向上的电视节目。

另外，我一直认为纪录片是一种非常好的教育资源，一部纪录片的拍摄往往凝结了很多文化的精髓。通过接触各种类型的纪录片，孩子可以了解历史、文化、海洋、动物、植物等等。比如最近我和孩子们一起在看英国广播公司的纪录片《地球脉动》。这部纪录片展示了地球的真实面貌，画面壮丽震撼，用真实的镜头回答了孩子一直好奇的关于地球的许多问题，帮助孩子丰富知识的同时也开阔了眼界。

第三章　是孩子，让我的爱好更广泛了

　　细细回想，少年的我赴新加坡留学，最初陪伴我的是身在异国的无尽的孤独、恐慌和迷茫。后来开始创业，我虽然不再迷茫，但也失去了很多东西：年少时的纯真，与同龄人一起玩耍的快乐时光，优哉游哉闲散的度假旅游……我曾一度感叹时光无法倒流，我错过的这些今生注定无法弥补。但是，当我成为一位母亲的时候，我发自内心的想感谢上苍，因为母亲这个身份，让我拥有了更多；感谢我的孩子们，让我的生活更加丰富多彩。

第一节　孩子成就我为"好厨娘"

　　多年的独居，几乎都是靠叫外卖生活，结婚前我几乎没有下过厨房，对做饭真是一窍不通，同时觉得下厨非常占用时间，所以对做饭基本上没有多大的兴趣。

然而，因为宝宝特别喜欢吃提拉米苏、马卡龙这样的甜品，我就暗暗下定决心：要像那些美食达人一样，在家里也能为宝宝做出这样的美味甜点。可以说，是因为孩子，让我对下厨产生了前所未有的兴趣。

有了动力，就有钻研的兴趣，经过几年的磨炼，如今的我，已经是一位"巧手厨娘"了，我会变着花样给孩子们做出色香味俱全的健康膳食。以前我认为下厨太耽误时间，当了母亲之后，我会花很多时间来准备一餐饭，因为我体会到了用心去给最爱的人、最想呵护的人做一顿饭是多么的幸福。而且，随着孩子的成长，料理的过程也是难得的亲子过程。我想，等 Mitchell 长大成人、娶妻生子后，他肯定会满怀幸福的回忆起我们一起下厨的美好时光吧！

拿亲子烘焙来说，确实是非常好的家教方法。在整个烘焙过程中，妈妈和孩子一起动手，让孩子在制作西点的过程中，舞动十指，揉揉、敲敲、打打，在创意的空间里自由翱翔，共同完成精美的作品。香甜美丽的西点作品，会树立孩子的自信心，培养他们的耐心，鼓励他们养成追求完美的价值取向，提升审美情趣，好处多多，不可胜数。

亲子烘焙可以培养孩子的观察力。Mitchell 在和我一起做蛋挞的过程中，每隔三分钟就会到烤箱门口去看看。他发现蛋挞刚倒进去的时候只是蛋液，慢慢的，就会一点一点地高起来、浮起来，在这种趣味的观察中他知道了一些食物是怎么由生变熟的。

亲子烘焙可以培养孩子的专注力。有一年圣诞节，我给家人办了个圣诞party，Mitchell全程目睹了各种圣诞树复杂的制作过程。他看到了水果圣诞树穿着黄瓜，黄瓜外面扎了无数牙签，靠着牙签串成了圣诞树；蔬菜圣诞树的树枝是土豆泥外面堆着西兰花、红萝卜和草莓做成的；还有一个圣诞姜饼屋，做起来非常难，我一个人弄了足足一天才做好。单是烤完之后的涂色工序就足以考验人的耐心——首先要把所有的食用颜料买齐，然后让Mitchell帮着用蛋糕裱花器仔细裱涂。裱涂并不容易，一不留神就会弄花。我握着Mitchell的手一点点地教他裱，在合成姜饼屋时，又教他用奶油一个一个地往上黏……你知道，这一切对于一个烘焙新手来说是颇具挑战性的。但当客人们到场后，都对精致的圣诞树赞不绝口，纷纷在圣诞树前合影留念时，我和Mitchell都觉得我们的付出特别值得！

亲子烘焙还可以增进母子感情，实现温馨家教。孩子在烘焙的成功体验中，可以找到自己的人生味觉，增进与父母之间的感情，让亲子关系更加亲密，从而激发孩子们对生活的热爱。

亲子烘焙也能培养孩子的耐心，丰富孩子的想象力。在制作的过程中孩子的参与往往会给我们带来很大的惊喜，捏制的"小鸡""小狗"在给孩子带来巨大成就感的同时丰富了孩子的想象力。在等待烘焙的过程中，也使孩子学会了耐心等待。

当然，在亲子烘焙的过程中，有时候我也会遇到一些小状况，相信这是大家都会遇到的。我做点心的时候，儿子和女儿总是很好奇的在我身边转，一会儿说要自己和个面团，一会儿又要求帮我打蛋。看着宝贝们那么小的手控制能力有限，放手给孩子们做点心之后，厨房会变得一片狼藉。但是，让我怎么拒绝孩子们高涨的热情呢，我怎么也无法抵挡可爱的小脸萌萌的表情。

面对这种情况，我的做法是：宁愿面对狼藉的厨房也不想面对宝贝们失望的面容。我做点心时经常会叫上两个宝贝一起，看着他们将手里的小面团捏成小雪人、小蜗牛，有时会用饼干模压出造型，那专注的表情，那快乐的眼神瞬间让人忘记所有的烦恼。宝贝们经常承担帮我做筛粉、打蛋之类简单的工作；我也愿意和他们一起做很多自己感兴趣的美食，也许最终的成品不如外面专业店铺里做的精美，却是个个用心，款款有爱。而看到他们开心的吃样，我都由衷感恩上苍赐予我的一切！

所以，烘焙不仅仅是美食甜点的味蕾享受，更是一种快乐，一种陪伴，一种"润物细无声"的教育手段。整个过程，孩子们都会观察和感受到妈妈的所有用心。多年以后，也许你的宝贝们记不住这些美食的制作步骤，但他们永远也忘不了和爸爸妈妈一起度过的那些热腾腾的烘焙时光。

亲子烘焙时光，其实不在乎最终做出的甜品的味道如何，关键是我和孩子们收获的快乐。希望大家都能拥有亲子的烘焙时间，让孩子在生活的点滴间享受乐趣，享受人生的美……从厨房小白到烹炸煎炒样样会，让我收获的不仅仅是厨艺，更重要的是和孩子一起下厨的美好时光。让我们系上围裙，挽起衣袖，和宝贝们一起，尽情享受美食给我们带来的幸福和满足吧！

第二节　孩子让我变成了营养师

结婚前，我没有太多关注过关于饮食健康与合理膳食的问题。在我看来，一日三餐不过就是为了填饱肚子。在大学读书时，考虑到食堂餐饮多样化的需求，我抓住同学们的刚需，为学校的食堂配送海南鸡饭，以及回国后，我凭借商业的敏感度，意识到有机食品的商业前景，并投身到这个领域中。在这两次关于餐饮的创业历程中，我对食材品质的追求以及接近苛刻的卫生要求，让我获益匪浅，但我当时对于营养的搭配还是知之甚少，也没有花费太多的心思用在膳食搭配上。回国创业之后，我就更顾不上膳食营养的问题，为了赶一个项目方案往往是废寝忘食，工作时间随便找一些快餐充饥也是常有的事情。

然而，当我有了宝宝之后，我开始关注饮食的健康，有了为家人科学合理地安排饮食的意识。我大量阅读与健康饮食及营养搭配的相关图书，并研究营养又美味的菜品，没想到，我因孩子而变成了营养师。

英国诗人雪莱曾经说过，饮食习惯的改良，比其他任何改良给人们带来的好处都要大。对于孩子们来说，合理的辅食调理尤为重要。为了能让孩子们吃得健康，妈妈们应该在一定时期内亲力亲为，做宝宝的"专属营养师"，这样才能对孩子的饮食做到心中有数，才有益于孩子们的身体健康。

为了给孩子们最好的营养保证，我认真阅读了《中国居民膳食指南》，了解到儿童的膳食种类包括六大类，即谷薯类、蔬菜类、水果类、动物制品类、大豆坚果奶类和油盐。因此，我就开始思考如何设计这几大类的饮食搭配，每天要吃的七种颜色的食物应该怎样搭配。宝妈们，给孩子的健康饮食和家庭条件无关，和身份无关，关键在于家长的责任心，就看你用心与否。

给孩子的日常膳食安排上，我遵循"以植物性食物为主、动物性食物为辅，少油盐"的原则，并且严格盯紧每餐的食物搭配组成及数量。关于具体的膳食配比，应针对不同年龄段进行合理安排，这方面我有很多的心得体会，这部分内容可以参考我的那本《我的二胎时代》，此处不再赘述。接下来，我想聊一聊关于育儿膳食营养的一些新旧观念"PK"，我想，下文中的很多内容，会引起很多朋友的共鸣。

有些时候，我们不得不感叹世间的变化，这不仅仅在科学技术上，在我们的日常生活中，连育儿的理念也是"三十年河东，三十年河西"。这就要说到我们育儿中的保守派，这一派多以老人为主，老人们经常认为能够传承的育儿理念必然有它精华之处，也就经常对我们的新手爸妈们说："不听老人言，吃亏在眼前！"而另一派则是科技育儿派，这一派以新新爸妈为主要人群，强调时代更新、科学育儿，传统育儿那一套是那个年代物质匮乏的良策，现在落伍了。孩子已经来到我们的生活中，家中经常出现双方站在不同的立场但都异常坚持的局面，有时候这样的局面会给育儿路上增添诸多的障碍。

绝大多数和老人一起看顾孩子的家庭中，会存在传统育儿观念与现代育儿观念的冲突，这也是很难避免甚至是见怪不怪的情况。这样的冲突简直就是无处不在，尤其在吃饭的问题上，且不说老人常常使用的方式是哄着喂、追着喂孩子吃，而新手爸妈则鼓励宝宝自己吃、自己拿，但就在营养膳食方面，就有很大的分歧。

关于宝宝饮食，到底放不放盐是常年爆发争论的核心问题之一。传统派：不吃盐怎么有力气？没味道的东西孩子怎么爱吃？哪这么讲究还能一辈子不吃盐？科学育儿派：辅食当然不能放盐，宝宝吃的东西要清淡，吃早了吃多了对身体都不好……

我通过查阅资料和请教专家，了解到，在宝宝1岁前不要给孩子添加盐，否则会加重肾脏负担，带来患心血管疾病的风险，影响味觉发育。即使1岁后开始吃盐，3岁前也是能少放就少放。其实奶和其他主食的钠已经足够孩子日常所需。吃盐过早除了养成重口味的习惯外，还容易造成孩子长成小胖子，并且对孩子的身体造成各种危害……

关于儿童摄入盐分的情况，我想举个真实的例子：我儿子小时候，嗓子经常有痰，去了几个医院检查，都说没有病，只是感冒。后来我就在烹饪时少放盐、蚝油等调味品，做出来的饭一点味道都没有，孩子都不吃了。后来我在无意间看到过一本书《如何活过100岁》，里面写到希腊人的健康饮食，他们很少食用加工类的调味品，更多的食用天然香料。我就更加注重让孩子吃天然食物，在制作这些食品的时候，我偏向于使用天然香料。比如在烤火鸡，制作一些需要烤制的食物时就会用迷迭香；做一些辛辣食物时就会用马郁兰；用肉豆蔻泡水喝；我们可以用罗勒叶、九层塔、薄荷、鼠尾草等自然的香料，来代替加工类的调料。所以，减少盐的使用，多多使用一些天然香料，是一个不错的选择。

说完了盐，再来说说油。对孩子来说，其实没有什么油是最好的。每种油（常见的花生油、葵花籽油、玉米油、大豆油、橄榄油等）都有各自不能被其他油替代的营养，再好的油也不能总吃一种。建议多种油混合吃法以营养均衡。可以买多种油，以天或周为单位更换着食用，这样更健康。宝宝都是天生的"爱甜派"，只要接触了糖带来的美味享受，宝宝基本就处于"不能自拔"的状态了。如果宝宝在婴儿期喝过糖水，那么之后就很难再大口大口地喝下没味道的白开水，甚至包括母乳和配方奶。糖的害处也不用多说，估计妈妈们已经深有体会：蛀牙龋齿、营养不良、对正餐失去兴趣……所以，"能多晚就多晚"是宝宝接触糖这种东西的原则，因为根本防不胜防，糖是早就潜藏在宝宝身边的小怪物。对于宝宝来说，相对健康的纯果汁和酸奶，糖的含量一般也在15％以上，也就是说，一份200毫升的果汁酸奶，差不多有30克的糖。再加上其他饼干蛋糕小零食……天呀，我们的宝宝怎么那么喜欢甜甜的味道。

关于孩子健康膳食的内容，完全可以写成一本厚厚的书，我在此只是希望，每一位妈妈万万不能在饮食上掉以轻心，与孩子饮食相关的任何一处细节都不是小事。"运用之妙，存乎一心"，正确的膳食养育之道，要掌握分寸、行之得法，这样宝宝才能健康苗壮地成长。个中滋味，需要妈妈们亲自尝试，才能设计出一道道符合自己实际情况的膳食食谱。

第三节　孩子圆我"作家"梦

较早在外求学的经历使我痴迷上了旅行。"身体和灵魂，总有一个在路上"，有时候你的谈吐、气质、眼界，就能反映出你走过的路、读过的书。如果说读书拓展了我们人生深度，那么旅行就是拓宽我们人生广度的有效途径。

父母们对于孩子的教育问题，肯定有一个层面是"见世面"。不管男孩还是女孩，父母都希望自己的孩子是见过世面的孩子，所以很多家庭都会安排每年一两次的旅行，让孩子看看外面的世界，同时也会给孩子在市面上选择各种培训班，教孩子吃西餐，陪孩子听音乐会……这些所有的行为都是为了完成一个愿望，让孩子成为"见世面"的孩子。

见世面，顾名思义肯定要有比较广的见识，成天窝在家里的孩子和经常出去旅行的孩子见识肯定不一样，通过旅行和尽可能多的体验带给孩子不同的东西，公交、地铁、火车、飞机、酒店、风土人情……这些见识不一定都是大场面，却都是孩子心中最丰富的经历。见识多的孩子，会更有自信去做任何事情。在交朋友这方面见识广、有自信的孩子相比于封闭、自卑的孩子会更积极主动，而封闭、自卑的孩子在与陌生人交往的过程中会显得忸怩放不开。外出旅游是让孩子在陌生环境中主动的交朋友的好途径，认识更多的人也是孩子"见世面"重要的一环。

如果一个孩子见过各种场面，内心就不会空空如也。我印象最深的是演员黄磊的女儿黄多多，这个小女孩在与国际大导演斯皮尔伯格对话时落落大方，小小年纪的她对电影已经有了自己的想法与独立的思考，深深震撼了我。这一切都在告诉我们家长，除了让孩子的眼睛增长见识之外，一定要让孩子的内心也得到同等的成长。这一切都需要家长正确的引导和足够的眼界，只有家长的眼界开阔了、认知提高了，才能带给孩子更好的教育。

人们常说，家长是孩子的第一任老师，孩子都是受到所在家庭的耳濡目染。我见过一类家长，自闭得很，孩子也没什么朋友，家长的局限让孩子从小在自己的小空间里单打独斗，比那些所谓的"孩子王"少了很多应该属于孩子的东西，在孩子王已经感受得到友情的快乐与失去友情的痛苦时，自闭的孩子却什么也体会不到。

见世面不是有钱人的专利，普通家庭也可以有普通家庭出行的方式，只要你有"远行"的心。而所谓的"见世面"不只是开眼界，还要走心，不然行万里路对于孩子来说就变成了个"邮差"，见世面急不得，需要家长慢慢地将旅行的概念灌输给孩子，让孩子在玩的过程中逐渐体会到家长的用心，最终成为一个"有见识"的孩子。见过世面的表现之一就是"落落大方"，因为只有见过世面、了解、熟悉，所以才能够最大限度地缓解孩子在陌生人面前的焦虑和害怕。即使面对不熟悉的事物，孩子更多的也是敞开心态去迎接，而不是逃避和拒绝。只有拥有自信和安全感的孩子才能做到这一点。

有人可能会说，还是等孩子再大一些的时候再带他一起去旅游，小的时候估计什么都记不住。我认为这个观点是错误的。英国教育家洛克曾经说过："幼小时所得的印象，哪怕是极微小，小到几乎察觉不出，都有极重大、极长久的影响。"况且，孩子幼小，什么都记不住，但是作为母亲的你可以为他做下记录呀。

小时候，我曾经是个文学爱好者，读小学时曾在报纸上发表过文章，一度梦想要成为席慕蓉或三毛那样睿智、思想深刻的女作家。后来的求学与创业，一直忙忙碌碌，心中那个关于"文学"的梦就一直被搁置着。直到有一天，我突然意识到，自己既然去了那么多的地方，而且也带着孩子去过不少地方，为什么不把旅游中的见闻都记录下来呢？孩子还小，这段经历可能他很快就会忘记，如果我把旅游的点点滴滴都用文字记录下来，等孩子长大以后，成为他记忆中珍贵的资料，这是多么好的一份礼物啊。而且，只有当你留下文字供孩子去阅读，这才是我前文说到的"让孩子内心也得到同等的成长"。因为孩子，因为旅游，依稀唤醒我年少时青涩的梦，我人生中的两大爱好——"旅游"与"写作"就这样不期而遇了。

当我们游玩日本的金阁寺时，我以这座寺庙为切入点，在游记里给孩子讲述日本的历史，讲述金阁寺的那位聪明的小和尚一休的故事。

当我们来到美丽的杭州西湖边，我相信，作为普通人的我们只感觉到语言的贫乏，从古至今，多少文人墨客用尽了华丽的辞藻来描述西湖的美。就算我们词穷也没有关系，我们要做的就是记录彼时游玩的感受。况且写游记促使我在游玩之前做了很多的功课，在游玩的过程中，我才能为孩子们做一个不算太专业的"导游"。就在前不久，我带着 Mitchell 在美国看了一场冰球比赛。看球时，Mitchell 很兴奋，但估计他的这段记忆很快就会变得模糊。不过，我为他记下了这场我们亲历的比赛，相信他长成一个小伙子后，再翻看这段文字的时候，一定会有一种甜蜜涌上心头。

在美国，打冰球可以说是男孩子的梦想，更是一项让小男子汉痴迷的运动。通过这项运动，孩子不但锻炼了身体，还培养了性格。冰球技术分为滑跑和攻防两大类，滑跑技术是冰球运动员必须熟练掌握的最基本技术，包括起跑、正滑、倒滑、惯性转弯、左右压步转弯、急停等。国内外的实践已经证明，学习冰球可以锻炼孩子的灵活性、柔韧性、协调性，另外对孩子的耐力、体力、智商、意志力、胆量等方面也有极大的促进作用。

除了对身体的好处外，冰球对孩子身心健康成长的好处更是不言而喻。冰球是一项非常讲究配合的集体运动，对于国内现在的孩子来说，除了繁重的功课外，还需要一个与同龄人一起玩耍的平台。

这次特意带 Mitchell 来看一场冰球，是希望给他一个深刻的印象，是希望我的小男子汉也能喜欢上这项可以"打架"的运动。很多孩子在打了冰球之后，在和其他小伙伴经常配合、经常一起训练的情况下，在性格上也开始变得开朗，懂得分享，有团队意识。冰球带给孩子的是一种可贵的精神：是拼搏、勇敢、较劲、顽强、团结、协作，甚至是疯狂的男子汉精神。这样的男子汉精神可以让孩子在未来成长的道路上面对各种各样的坎坷和磨砺，是孩子一生中宝贵的财富。

可能有些朋友有这样的误区——带孩子旅游就必须是出国，其实并不是这样的。虽然我带 Mitchell 去过国外旅游，去过很多地方，但是让我记忆深刻的却是家门口的一次旅游。

那是在 Mitchell 1 岁 3 个月的时候，我带着他游览了颇负盛名的密云古北水镇。这仅仅是一次北京的京郊旅游，但是对我，对 Mitchell 而言意义深刻。

"不到长城非好汉"，古北水镇紧邻司马台长城，我们就顺路带他做了一回"好汉"。司马台长城筑于海拔千米的陡峭峰顶，以奇、特、险著称于世。站在司马台长城，可遥望到北京城。这种"会当凌绝顶，一览众山小"的感觉，让 Mitchell 高兴得咿咿呀呀叫个不停。那时的 Mitchell 还不会独自走路，但我们扶着他连爬带走地攀上这段古老长城后，回到家竟然发现他居然会独自走路了，成了真正的"小小男子汉"了，这太让人惊喜了。

所以，各位妈妈们，旅游不在乎花多少钱、住多贵的酒店，而是在于旅行的过程，即使是居家周边的一座小山，也可以让孩子亲近大自然，感受到快乐。所以，不要再拿没有时间、太昂贵等当借口了，带上孩子，去旅行吧，同时也拿起笔，为孩子记录下这些美好的历程吧。

第四节　孩子让我更懂"艺术"

从小我对画画就很有兴趣，但一直以来，却没有机会系统地学习过。我发现儿子和女儿很喜欢画画，从 3 岁开始，我给他们分别报了少儿绘画班进行学习。为了能给孩子在美术方面更好的指引，我也开始系统地自学，阅读关于美术方面的书籍。之前我的阅读偏好大多集中在经管类、人物传记类的书籍。孩子们认真拿起了画笔，我也认真阅读起了傅雷的《世界美术名作二十讲》、蒋勋的《写给大家的西方美术史》等书。抓住生活中的一切细节（例如电视上、网络上闪现的世界名画，商场、广告牌上的艺术图案），给孩子们讲故事，介绍达·芬奇的《蒙娜丽莎》、米开朗琪罗的雕塑、卡拉瓦乔与巴洛克艺术……可以说，是 Mitchell 和 Chelsea 让我把从小对西方美术的兴趣变为了会陪伴我一生的爱好。

同时，我也深刻感受到绘画（甚至说仅仅是孩子们的随意涂鸦）对于 Mitchell 和 Chelsea 成长的益处，幼儿创造力的培养是多种多样的，然而最能让幼儿展开想象翅膀的就是创意画。一幅幅内容丰富、色彩鲜艳的画面给孩子父母带来的永远是惊叹。幼儿的创意画是发自幼儿心灵的绘画，是表现幼儿天真烂漫想象力的一种绘画。在教师的启发下，这种形式给孩子充分想象的空间，使幼儿的创意能力得到淋漓尽致的发挥。

我至今记得刚刚送孩子去学画画的一件事情。儿子画了一幅画，看着他兴高采烈地给我讲：这是椰子掉下来了，这是什么……我没有一点惊喜的样子，甚至于还有一点生气，在我眼里，这就是一幅名副其实的涂鸦，什么都看不出来，我欣赏不了这幅画。

我当时心里想：你都要 4 岁了，报班学了半天，画的这是什么呀，一点也不好。后来我送儿子上画画课时带上了这幅画，非常不解地问老师："老师，Mitchell 在您这学了将近一年的时间，这画的还是涂鸦，其他孩子画得都很好，我要不要给孩子请个私教，教他画一下细节呢？"

老师看了一眼画，说："Mitchell 妈妈，你听我讲，孩子画画都是从涂鸦开始的，而且 Mitchell 的画很有想法。你看，这是椰子，这是海边……"老师把儿子的画内容讲了出来，而且还很兴奋地告诉我将拍卖儿子的这幅画。两个月之后的六一儿童节，老师告诉我，儿子的这幅画和另外一幅画被一位收藏人士买了，所拍卖的钱捐给了慈善机构。我那一刻感觉特别荣耀、特别自豪，还发了朋友圈告诉大家，我儿子的画被人收藏了。

这件事情过去之后，我反思自己，觉得特别惭愧。是我的粗浅没有看懂儿子的画，还去责备他画得不好，是我的想当然与急功近利，差点浇灭了儿子绘画的激情。

后来我意识到，我不能仅限于阅读关于美术方面的图书"纸上谈兵"，为了更好地理解儿子，我也开始学习画画。在我学习了油画之后才明白，原来我们看到的事物，小孩子都会以涂鸦的形式把它给表现出来，慢慢地开始勾勒细节，家长也许会看不懂，但这是孩子的表达方式。

这让我想到经典著作《小王子》的开篇，讲述了一个孩子刚开始画画就被打击的故事：小孩子画了一幅蟒蛇吞象，当他拿着这幅杰作给大人看时，他们随意回答那只是一顶帽子。为什么大人不问一问小孩那是什么，而是凭着直觉自以为是呢？这种回答让小孩很失望，于是小孩将蟒蛇剖开画出大象，再给大人看时，大人却说别管它剖开还是没剖开，别画大象了。就这样，小孩的梦想被扼杀了。后来小孩子长大了，遇上一个在他看来脑子还算清楚些的人，给他看自己儿时的作品，那人依然回答那是一顶帽子。"我就不跟他说什么蟒蛇，原始森林，星星等等，都不说了。我就说些他能懂的事情，跟他说桥，高尔夫，政治还有领带。于是大人觉得很高兴，认识了这么一个通情达理的人。"这位长大的小孩确实通情达理，但这通情达理难道不是对于大人们的一种反讽吗？

因为没有人鼓励他，也没人对他的想象力迸发的火花感兴趣，小孩放弃了对画画的兴趣。我恍然大悟，之前的我和故事中里的大人有什么区别。对于孩子，我们要少打击，多鼓励。从此之后，我开始和儿子在画画方面进行沟通，我画了一幅作品后，他会说："妈妈你画得好棒。"儿子画了新的作品后，我也会鼓励儿子。我们一起去评价一幅画，一起去看画展，一起探讨艺术，我很享受这个过程，这是儿子给予我的幸福。

后来我经常带着孩子参观画展，记得带他们参观时年 87 岁的著名抽象艺术家吉莲·艾尔斯首次中国个展，对于孩子来说，他所能收获的绝对不是单纯的一次美术展览。孩子们或是用笔，或是用手，在画布上主宰颜色，尽情地挥洒属于孩子的艺术色彩。

人们都是喜欢、热爱美的，而孩子更喜欢任性的、随意的、充满个性的颜色的美。人们在观看艺术作品甚至大自然时，应当迷醉其中，唯有这样才能领悟到作者的本意。我认为艺术是可以带给生命提升的，而至纯的艺术之美一定来源于天真无邪的孩子。在吉莲·艾尔斯位于英格兰西南部的房子后面，有一个大花园，花园里种植着来自世界各地的植物。这个花园对于艾尔斯及其艺术创作都无比重要。尽管艺术家本人并不创作任何具象作品，她却说过："在我疯狂的想象里，大自然被看作颜料，特纳可能也是这样看的。"（1991 年，吉莲·艾尔斯被选为伦敦皇家艺术研究院院士，并曾入围特纳奖最终候选名单。）

亲眼和孩子看过吉莲·艾尔斯的作品之后，我最强烈的感受就是她的画给我很多想象，令我的视觉得到了前所未有的满足感。这感觉不仅震撼，更是一双想象的翅膀，使我完全沉醉在作者给予我的空间中。

这件事让我对孩子教育方面有了一些新的认识和理解，在与他的画画交流中，我不再信马由缰地想哪儿画哪儿，博孩子一笑了事，而是鼓励他可以依据的固有形象来画，也可以大胆想象，以奇特的造型和夸张的色彩取胜。

拿出时间，陪伴孩子在绘画的世界里一起开启想象力，寻找快乐。你永远无法想象，在孩子小小的脑袋中，究竟装着对这个世界怎样的好奇，对艺术美学怎样的理解。当孩子在你的陪伴下用画笔任意的表述自己的感情时，这其实是让孩子在色彩的世界里激发了创造力。涂鸦是孩子们的天性，在亲子绘画涂鸦的过程中，你会看到本真的孩子在用他们的眼睛看世界、用他们的思想描绘世界，这真的很美。我们不要再剥夺孩子自我探索、自我成长、表达内在感觉的权利，成为孩子发展的绊脚石。只要生活中一点点的放任、一点点的纵容，你会发现孩子的生长真的是有自己的轨迹的，他们是那么的可爱。

其实爸爸妈妈也可以通过涂鸦的方式，来和孩子们一起游戏，对宝宝的涂鸦行为以赏识，鼓励他更多地通过涂鸦表达自己。父母如果能参与宝宝的涂鸦游戏，就可以通过语言与动作的引导，帮助宝宝拓展思路，激发他们更多的创意，对他们想象力与创造力的提升十分有益。3岁以前的宝宝，正是手、眼、脑及小肌肉的协调能力发展迅速的时期，已经能够较好地握住手中的笔。刚刚学会这一技能的宝宝对笔和涂涂抹抹会产生浓厚的兴趣，于是，小家伙们急于借助各种颜色和笔或者其他用具，来显现自己的这种能力，表达自己对色彩与形状的理解与喜爱。

尽管宝宝握笔的姿势可能有些"笨拙"，并且涂画得在我们成人看来也是乱七八糟，但这个随意涂鸦的过程会给宝宝带来极大的快乐与自信，还可以帮助宝宝锻炼手、腕部的诸多关节与小肌肉群的协调动作。看似简单的涂鸦，对宝宝来说是多种能力的综合锻炼，对发展宝宝的观察力、想象力和创造力，培养其眼、脑、手配合活动都很有好处。

在此，我想对各位妈妈朋友说：对宝宝来说，涂鸦更多的是一种游戏，而不是一种技能的学习。也许正因为如此，宝宝才会乐此不疲。在孩子的眼里，无论是雪白的墙壁还是妈妈的花衬衣，都是他们涂鸦的好选择。因为宝宝这些"破坏"行为而压抑宝宝涂鸦的兴致，好像并不明智。为了不让宝贝们"破坏"家里，家长可以给宝宝准备一块白板或在墙上贴一层白纸，甚至在地上铺上大张的报纸，让宝宝施展身手、尽兴涂鸦，最后和宝宝一起分享他们的作品，适时的提出赞赏，宝贝们一定会在涂鸦中获益匪浅的。

第五节　孩子让我重新燃起音乐学习的欲望

"欲求木之长者，必固其根本。欲流之远者，必浚其泉源。"己之不立，何以立人？要想孩子优秀，做妈妈的就一定要千方百计地提升自己。为了能让自己更出色，我无时无刻不在鞭策自己，要"百尺竿头更进一步"。

在结婚前，我就不止一次看过关于音乐对于教育的重要作用的文章。台湾教育界有句名言："学音乐的孩子不会学坏。"这是为什么呢？因为音乐学习的就是理性思考与感性思维，必须首先控制住自己才能控制住音乐。学习音乐的孩子花最大力气来学习的，便是如何控制自己、控制音乐。

因此，我在当了妈妈之后，就想让孩子能尽快接触音乐，学一种乐器。我之前是学习过钢琴的，但是多年不练已经很生疏了。在孩子学习钢琴的年纪，我一切归零，从头开始。我从认识乐谱开始，亲自教他们，让他们对钢琴更有兴趣，燃起对学习钢琴的欲望。

近几年，多省的高考状元大多都是学琴出身，音乐的学习确实可以提高孩子的智力与想象力。音乐是声音的表现艺术，其音符的表现背后蕴藏着无限的意义。这便给孩子的想象力、逻辑思维能力和跳跃性思维提供了无限的空间。孩子可根据自己的想象来诠释自己心中的音乐。同时，演奏乐器的时候就是对大脑各方面能力的练习与开发。左右脑、手、眼及整个身体各部分的配合，都是对自身反映及协调能力的练习与考验。

所以说，学习和演奏音乐是对智商及情商的极大锻炼与开发，因此学习音乐对提高智力及大脑的各方面能力都有极大的帮助。一首非常复杂的乐曲可以不看乐谱一字不差地演奏出来，这本身就是对记忆力的很好锻炼。一般的演奏者都可以不用乐谱，演奏出十几首甚至几十首乐曲，专业乐手可以演奏上百首的也不足为奇，这样的记忆力也许只有音乐可以做得到吧。每一个学习音乐的孩子都需要有超级的耐受力，毕竟华美的演出每年只有那么几次，而枯燥的练习却是每天都要做的功课，对于一个从小学习音乐的孩子来说绝对是意志力和韧性的磨炼。

另外，我在家最喜欢的就是带着孩子们一起听音乐。音乐来源于生活，是对心灵的美化和净化。生活中有音乐，就如同夏日的清风宜人清爽；像冬日的阳光温暖明亮。美妙的乐曲除了能对孩子进行艺术熏陶，还有可以陶冶情操，安抚他们的情绪。更重要的是，音乐通过耳朵传入大脑，可以刺激孩子大脑，激发他们思维上的各种潜能，甚至分泌有益于健康的激素，从而促使他们身心得到更加和谐、健康的发展。用音乐进行胎教的宝宝们乐感很好，几乎很多小孩子一生下来就可以识别音乐旋律，节奏感也不错，这对孩子们音乐天赋的开发能够起到事半功倍的作用。

其实，早在我的孕期，我就通过胎教的方式给我的宝贝放音乐。

有专家称：经常接受音乐胎教的宝宝，真的会在出生后对音乐表现出敏感度。经常在家里接受音乐熏陶的孩子，他们的情感会更丰富，为其今后的健康生活及终生的艺术学习培植动力、奠定基础。在艺术世界里，音乐是最善于表达、激发情感的艺术，它可以使儿童兴奋，也可以使儿童镇静，消除紧张情绪，获得情感的平衡，通过广泛接触表现不同情感、内容的音乐，儿童的情感世界将逐渐变得丰富、充实。当然，当孩子再大一点进入青春期后，音乐也会是他们宣泄情感的途径。所以，学音乐的孩子当然善解人意，当然聪明美丽。

为此，我每天都要给 Chelsea 播放音乐。在歌曲的选择上，我不会囿于童谣，举凡世界名曲，不管是国外古典乐、英文歌，还是各类轻音乐，我都会从中挑选出合适的来为她播放。有时我会收藏一些经典唱片，或从网络上挑选一些音乐来播放。和 Chelsea 一样，Mitchell 也非常喜欢音乐，他在 2 岁多的时候，就可以熟练地演唱 30 首英文儿歌了。

为孩子播放音乐也要应时应景。有时候，我会在孩子们玩游戏的时候放歌，Mitchell 和 Chelsea 虽然正玩得高兴，但一旦有悠扬的乐曲传来，他们就会立刻放下手中的玩具，径直跑过来，拉着我载歌起舞。尤其是对于自己特别喜欢的歌曲，他们听上十几遍二十遍都不会觉得腻烦。多听了几遍之后，Mitchell 甚至就能自己哼唱出来。他唱歌时，妹妹也会在一边为他拍手加油甚至模仿学唱。

为了能教他们，我上网甄选、下载、学唱了近百首的英文儿歌。要记住近百首英文儿歌的歌词，还要学会唱不跑调，有些还学习了伴舞……但我并不会觉得厌烦，在准备这些的时候，我似乎也回到了快乐的童年。在所有艺术形式里，音乐是最能给孩子带来气质与品位的。音乐不会像绘画与舞蹈艺术那样以视觉感受为主，而是从心灵深处唤醒孩子的气质与灵感，使孩子对世界、对人生有更深刻的感受与体会，这也是音乐本身的魅力。我要感谢孩子们，是你们让我重新回到了童年，让我再次深刻感受音乐的美好。

第六节　孩子让我重回运动场

没有宝宝之前，我虽然兴趣广泛，但因为精力有限，从没认真学习和操练过一项体育项目，真是年轻时的一大遗憾。虽然也学习过舞蹈，自认身体协调性不错；尽管也有跑步锻炼的习惯，但真还没有因一项运动上过运动场去竞技。

随着 Mitchell 一天天长大，我发现儿子的运动协调性似乎不太好，在 5 岁以前，他对任何运动都不太感兴趣，篮球、足球、跆拳道、游泳……似乎都提不起他的兴趣，我甚至觉得他都没有这些方面的运动细胞。我也在反省，难道是因为我之前没参加过体育竞技的经历造成的？

我心心念念要让孩子学习一些运动项目，一来可以强身健体，二来我也希望孩子能培养一些运动兴趣。但儿子年龄太小，很多竞技类运动项目的危险系数似乎都比较高，不太适合他。我苦思冥想了好久，也想不出到底什么是适合孩子的。

直到有一天，我读到了清代龚自珍的一句"少年击剑更吹箫，剑气箫心一例消"，刹那间找到了适合 Mitchell 的运动项目。龚自珍诗中的少年，在击剑的剑气与竹箫的音韵中将身体与精神完美地融合在一起，好一个翩翩少年的形象。这不正是我对 Mitchell 所期待的么。而且，击剑也是我一直以来都很感兴趣的竞技类项目，每次电视上转播击剑比赛，我都会饶有兴趣地观赏，虽然只是外行看热闹，但是我想，遗传了我的基因的 Mitchell 应该不会排斥击剑。

况且，击剑虽然需要正面迎击，却并不像一些竞技体育项目那样有非常强烈的身体直接对抗，胜负之分上却又更加直接。这正是我为孩子苦苦寻觅的体育项目。我认为，练习击剑至少可能会让孩子在面对输赢的时候更加坦然。

让我没想到的是，在我眉飞色舞地讲述时，儿子却表现出了些许的犹豫。此时，狮子座的我的那种执着劲儿又上来了。孩子对击剑的暂时犹豫，是因为他还不了解这项运动，于是，我决定自己学习击剑，以激起他对击剑的兴趣。

现在回想起来还是觉得有些疯狂，为了孩子，我竟然拿起了"剑"。试课时，儿子、女儿在旁边看着。儿子看到我击剑时，很兴奋地给我加油："妈妈，你要打赢，刺他的心脏！"我看到儿子那兴奋的模样，便问他："妈妈要学习击剑，你要不要和妈妈一起学习？"儿子看了看我，坚定地点了点头。后来我和儿子一起学习击剑，每次学习完回家之后我们两个一起研究套路，我向前他后退，我后退他向前。

通过击剑的学习，我与儿子有了更多的共同话题，互动性也得到了提高。儿子的敏捷度得到了很大的提升，知道什么时候应该进攻，什么时候应该后退。而最重要的是，在击剑运动中我发现儿子变得更有礼貌，击剑运动的仪式感，对比赛用具、对手的敬畏感使他变得更加尊重比赛，能够坦然地接受充满荣誉光环的赢和有尊严无遗憾的输。

通过击剑，似乎一下子打开了 Mitchell 身体里的运动基因，他现在已经是一个非常热爱体育锻炼的小男子汉了，我甚至也穿上了"拐子"陪他去运动场上踢球，这在以前，是我想都不敢想的事情。运动，是最好的亲子互动，在运动中对孩子的鼓励，会培养孩子的自信。运动，也让孩子能够勇敢地面对困难。

我也要和各位妈妈们分享一个心得：在育儿的过程中，妈妈的带领是很重要的，只有当妈妈培养起学习的兴趣，才会激起孩子的学习兴趣，孩子在学习中才会更有精气神。前文中说到的油画与弹钢琴，本文中说到的击剑，都是孩子给我的动力，是他们让我重新进入了运动场。正是这些，拉近了我和孩子的距离，也让我的内在变得更加丰富。

第七节　孩子让我重新享受阅读

自从有了孩子以后，很多年轻的妈妈就把自己的阅读时间"砍掉"，然后一头扎进工作和家务当中。随着孩子的长大，我意识到阅读对于孩子成长的意义，以及亲子伴读的重要，我更是体会到了当妈妈之前未曾体会到的亲子阅读的快乐。

我是一个酷爱读书的人。2007 年，我从新加坡回国时，带了四箱行李，其中有三箱都是书，只有一箱装了衣服。父母觉得很奇怪："你一个女孩子，带这么多、这么重的书干吗？那三箱沉甸甸的书严重超重，为此得多花多少机票费（罚金）啊！再说，你一个女孩子，不说轻车简从、潇洒归来，非要弄得这么舟车劳顿，真是不可思议！现在网络多发达，你的这些书，花点钱去网上下载不就结了吗？"

　　父母的心意我明白，但他们不清楚，在这些书的字里行间，我做了大量的笔记，并且大部分的书都没有电子版，有些甚至已经绝版了。最重要的是，我写下的大量感想、导图，那些亲笔写上去的、工工整整的笔记让我都为自己感动，怎么可能轻易抛弃呢？就这样，我一个弱女子，硬是将三大箱书加一箱衣服拖回了国内。

　　然而，随着工作的日益繁忙，我渐渐减少了留给阅读的时间，而且自从创业以后，我的阅读基本上就局限在经管类、商业人物传记类图书范畴。

　　就在我怀着孩子的时候，我就暗下决心，今后要培养孩子良好的阅读习惯，因为我知道，阅读对于孩子的成长有着至关重要的作用。可是，有了孩子后，最初突然感觉时间和精力一下子不够用了，在紧张忙碌中，别说培养孩子阅读习惯了，就连我这样一个爱书之人，也很久没有进书店，很久没有仔细研读一本书了。

　　然而，这种状态的改变就在一刹那。至今，我都清楚地记得 Mitchell 还在几个月大的时候，有一天我和他躺在床上，本想哄他睡觉，结果我一时兴起，高举着大开本的绘本大声朗读起来，让我意外的是，小家伙居然用他的小胳膊搂着我的手臂专心的听着，眼睛竟然还跟随着我翻书的动作而转动。说心里话，我真的不知道当时的 Mitchell 到底听懂了多少，但我肯定我们俩都很享受阅读的时光。随着孩子的慢慢长大，我也逐渐意识到要让孩子接触书本了。为了给孩子做个榜样，我翻出自己之前翻过不知多少遍的大部头图书假装阅读，以期望在孩子面前做出个样子。现在想想，这个做法真是挺可笑的，读书沦为"面子工程"和"作秀走过场"。这种做法固然用心良苦，但意义不大。孩子是很聪明的，你是全神贯注还是心不在焉，孩子会看得一清二楚。你滥竽充数，孩子也一定会有样学样。所以，家长一定要端正态度，真正认识到读书的意义，真正沉浸到阅读中去，才能对孩子形成切实的积极影响。一言以蔽之，读书这件事，家长也要表里如一。

美国读书协会前主席鲁斯·格雷沃斯先生说："现在，在一些家庭中有一种怪现象：父母喜欢看书，却往往等到孩子上床入睡之后才坐下来看，结果，孩子竟一直不知道自己的爸爸妈妈也喜欢看书。真可惜！"对此，专家们认为，在家里，父母应尽可能多地和孩子在一起看书，做孩子的阅读榜样。同时，家长还可经常与孩子在一起交流读书的方法和心得，鼓励孩子把书中的故事情节或具体内容复述出来，把自己的看法和观点讲出来，然后大家一起分析、讨论。如果经常这样做，孩子的阅读兴趣就可能变得更加浓厚，孩子的阅读水平也将逐步提高。

于是，我又开始阅读，我读蒙台梭利的书，以期从中找到科学的育儿理论；我读关于营养与健康的图书，想让孩子从小就有最合理的膳食。《京剧原来如此美丽》《从小学习经济学》《讲给孩子的中国文学经典》《书法的故事》……我不拒绝任何通识类内容的图书，因为"书到用时方恨少"，说不定哪天孩子们的一个"小问题"，就是我向他们传递知识，让他们认识到阅读的重要性的小机会。

感谢孩子们，是他们让我又找回了学生时代那种如饥似渴阅读图书的感觉，我也深深享受着每天陪伴孩子的阅读时光。从宝贝大一点开始，我们的购买绘本之旅便一发不可收拾，读给他听，给他自己翻阅，把书当成游戏等等。几乎这些图多文字少的绘本和软软的玩具书成了 Mitchell 小小孩时期最喜欢的玩具。后来有了妹妹，这样的游戏又多了一个热情的参与者。每天晚上不管多忙，我都会拿着一本故事书招呼兄妹回房间睡觉，也正是这一本本好看好玩的绘本，给兄妹俩的睡眠时间带去了很多的童话色彩和梦想的空间。

在此，我也想再多费一些笔墨，和家长朋友们说一说阅读对于孩子的重要性。

首先，阅读可以培养孩子的想象力。一个很浅显的例子是，动画片看久了，动画形象就会固化在孩子的脑海里，他们就会在思维上形成定式。但读书不一样，比如妈妈们在给孩子讲《三只小猪》的故事时，他们的脑海里就会浮现出三只小猪和猪 Daddy、猪 Mommy 的生动形象，而这种形象，是他们基于自己的理解能力和想象力的一种再创造，当然非常重要。

同时，阅读可以增强孩子的语言能力，孩子可以通过阅读领悟复杂的意境，感受语言的美妙；可以开阔视野、增加知识，培养独立思考的能力，这对孩子未来的学习大有裨益。另外，家长在和孩子的亲子阅读过程中，可以增进亲子感情，营造和谐的家庭氛围，可谓好处多多。

就以我给孩子们准备的书柜为例，在图书内容的选择上，我着眼于国际化和综合性。我为孩子们购置了世界各地品质良好的书。以其中一本诗集为例，书中一百位诗人中，中国诗人占二十位，其余八十位是国外名家，其中不乏泰戈尔、雪莱、普希金、歌德这样蜚声世界的诗人。在给 Mitchell 和 Chelsea 读诗时，我注重分析孩子的理解能力差异，每天只读三首，让他们充分享受含英咀华的美好。我相信，通过这些不懈努力，孩子们会奠定比较坚实的文学基础，这对培育他们尊重生命、热爱生活的品质，培养他们的浪漫情怀大有裨益。

中国是个文化大国，具有悠久的文明史，对于中国文化，家长们理应更加珍视。但因为 Mitchell 和 Chelsea 还很小，像《三字经》《弟子规》这些蒙学书籍，现在还不大适合让他们独自阅读，因此需要家长的伴读。而唐诗节奏好、韵律强，读起来朗朗上口，阅读唐诗对培养孩子的美感和语言能力很有好处。因此，我们会在孩子们玩耍的时候放一些唐诗宋词和古典音乐，帮助他们在潜移默化中获得春风化雨般的灵性滋养。我不要求孩子们死记硬背，而是和他们一起诵读经典唐诗，同时为他们描绘诗中所展现出来的美景和情感。有了浅显的理解，他们背诵起来就更加流畅了。

同时，我也不会要求孩子们在客人面前背诵显摆。我觉得，感受唐诗中的美好，是一件非常私人的事，不应该也没有必要拿出来炫耀。

同时我在想，由唐诗、宋词、元曲等国学经典熏陶出来的他们，一定能成为更具"中国派"的世界公民。

当然，Mitchell 和 Chelsea 更喜欢的是时下流行的文学绘本和音乐绘本，他们往往被绘本中的美丽场景所感染，有时候自己也会拿起彩笔信手涂鸦。看着他们临摹得有模有样的作品，我总是忍不住要亲他们一下。在绘本的选择上，我比较注重那些"久经考验"的作品——在欧洲已经传承了好几代人的经典作品，比如《比得兔》《饼干狗》等。

另外一点我想说，家长永远不要尝试干涉孩子的阅读。让孩子多接触各种各样的书，只要孩子喜欢，就算你觉得不太适合，也尊重孩子的选择。其实只要是正规出版的图书，基本上都是开卷有益。让孩子拥有自由选择的机会，这也是一种锻炼——锻炼了孩子自己选书的能力，并逐渐找到自己的兴趣。这种自主的选择带给孩子的是自然而然的习惯，改变的则是孩子的一生！

经常有朋友问我："什么时候可以给宝宝读绘本，讲故事最好?"我的答案永远不会变，而且绝对是唯一的——现在！陪伴孩子读书，能够养成良好的阅读习惯对于孩子来说受益匪浅。当你感到为人父母的责任，感到阅读对孩子的重要性的时候，那么就开始吧，千万不用等，就从现在开始！

第四章　为了孩子，我再次踏上求学之路

　　年轻时，为了提升自己，我曾在很多名校进行学习。如今，我已经是两个孩子的母亲，我经常会想，到底怎样才能做好一个母亲的角色，给宝宝什么样的教育才是好的教育，所以为了更好地引导孩子，我再次踏上学习之路。我的孩子还小，他们暂时不能去游学，那么就让我成为连接宝宝和世界的桥梁——通过我的学习把世界先进知识带给他们。这和我之前自己的求学有着本质的不同。我不仅仅是为了自己开阔眼界、增长知识，更是亲身去体验不同国家、不同学校所不同的教育理念。与其说是去学习，倒不如说是去体验与观察，是为了孩子去亲身尝试与感受。同时，我也希望将自己的学习经历，以及在各所名校学习到的教育理念融入日常的育儿过程中，并分享给大家。希望能让更多的家长了解世界名校的教育理念，并对自己的育儿过程产生启发。

第一节　耶鲁：思路"无可无不可"，
教学"无为而无不为"

为了孩子，我选择再次踏上游学之路。这和我之前自己的求学有着本质的不同。我不仅仅是为了自己开阔眼界、增长知识，更是亲身去体验不同国家、不同学校所不同的教育理念。与其说是去游学，倒不如说是去体验与观察，是为了孩子去亲身尝试与感受。

当了妈妈之后的游学经历，有时是我自己只身前往，有时是带着孩子一同感受。现在回想起来，最大的感受是优秀大学和普通学校在学习上的关键性差异，那就是不在于"学什么"，而在于"怎么学"——学习的方法和过程很不一样。这一点，在耶鲁大学管理学院的游学过程中感受特别深刻。另外，我在游学耶鲁大学管理学院时，也被耶鲁学子那种阳光自信的状态打动。耶鲁大学有一个行为理念，便是要敢于尝试、不怕失败、充满自信。

耶鲁大学举世闻名，校园环境非常优美，学校四周矗立着城堡一样的古建筑，这些建筑大都有百余年的历史。漫步校园中，四下环顾，处处青翠。耶鲁整个校园的建筑设计给人的感觉是神圣、高雅和宁静。走在耶鲁的校园里，宗教的气氛极为浓厚，到处都是教堂，而且校园的分布模式和英国的剑桥、牛津的学院制一模一样。虽然校园比哈佛要保守，但是在学校旁边的一条街上，布满了各具特色的小店。不仅如此，你还能够找到装饰简单，却全天早餐供应的小咖啡馆。

我第一次去耶鲁大学管理学院时正逢初春。林荫道上的树木纷纷含翠吐绿，斑驳的阳光透过这些充满生机的小绿芽，斜斜地照射在一幢巨大的黄褐色的哥特式教堂上。这幢教堂宏伟庄严、气势非凡，充满了凝重的历史感。校方独具匠心，把这闻名遐迩的历史文化建筑辟为图书馆。其体量之大、藏书之丰，在美国大学图书馆里占据第二的位置。许多远道而来的游客甚至会对其恭敬地行屈膝礼。

用校长理查德·莱文的话说来说，耶鲁大学首先应是一个联系紧密的"大家庭"。古朴、典雅的耶鲁本科校园，分为 12 个寄宿学院，每个学院都形成一个小社区，各种设施齐全而又周到，教学资源共享，学生可充分交流。而耶鲁法学院的图书室，正是美国前总统克林顿与夫人希拉里相识的地方。头顶着诺贝尔奖、菲尔兹奖、普利策奖等光圈的教授们深深地融入校园生活之中，他们常常会出现在寄宿学院的餐厅里.与学生一起就餐、聊天。密切的师生关系，是耶鲁引以为傲的一大特色。

另外，耶鲁大学的文学、音乐及戏剧系在美国也是数一数二的，因此，耶鲁校园内文化气息也很浓厚。校园内就有几座著名的博物馆及剧场，艺术画廊展出不少毕加索及梵高的著作。

有人说，国内的教育很大程度上重视的是基础知识的巩固，而美国的教育则重视创造力的培养。因此，"基础知识"的巩固必然导致教育更注重知识的灌输和知识的熟练掌握，简言之，就是重在"精"和"深"。而重视创造力与思维方式培养的教育，则注定不会把过多的精力放在"求同思维"上。侧重"基础知识"课堂老师往往是抛出一个问题，会先讲一个例题，然后使用题海战术让学生重复练习，直至"炉火纯青"的地步。而耶鲁大学则不然，教授不会生硬灌输，抛出一个问题后，并没有标准的"解题思路"可以照搬硬套，甚至没有一个统一的"标准答案"，老师会启发学生从不同的角度进行思考。学生的理念和观点，老师并不会否认，因为他们也没有所谓的"正确的观点"可以提供给你。

给我印象最深的是耶鲁大学管理学院周二和周四下午的Workshop时间，Workshop是美国大学内非常常见的一种形式，其与Seminar都不是一堂课，两者之间的区别是，Workshop不是研究领域的，而是在短时间内教授一种技术或技能，例如如何申请出国留学，如何使用Photoshop，如何适应美国生活等话题。Workshop的人不会很多，通常是演讲者先进行话题的演讲或介绍，然后就是提问回答时间，上课形式相对轻松。上了大学以后，学校的图书馆、OIT等部门都会不时的提供学术或软件方面的Workshop。

但是，不要凭借这一点，就认为耶鲁大学管理学院是一种"娱乐化"的教学。耶鲁大学管理学院治学非常严谨，甚至可以说，学生在这里的求学过程也是很"艰苦"的。

在耶鲁大学管理学院，每篇论文都可谓写得艰苦卓绝。为了理出一篇论文的论证，经常要干掉几十本书、跑上几十次图书馆、查过几回期刊数据库，有时还需要面对面和教授交流观点。写的过程更是丝毫不能马虎，文章逻辑、遣词造句等方面都需要"庄严"对待；引用别人的观点和数据时，必须仔细做好注释、写全"参考文献"，否则就算抄袭，可能被追责。有些大四学生甚至会用一整学期来"憋"一篇毕业论文。当终于得到教授的肯定时，真的可以看到喜极而泣的场面。经历这么多的"折磨"与历练，当学业上小有成就和长进时，就好像品过好茶后的无限回甘。

我在耶鲁大学管理学院时经历过这样一个游戏，至今让我难以忘怀。关于这个游戏的内容，我曾经在《我的二胎时代》中讲述过，但实在是因为这个游戏给了我太深刻的印象，我想在此再简要复述一下：

教授分发给学生很多木条，然后让学生自行分组，每组四个人，每一组都能得到一沓胶布和一坨线。小组之间进行比赛，看哪个组可以把木条搭到最高——有些像小孩子玩的乐高游戏。这件事看起来很简单，实际上却非常难。

参与比赛的同学里，不乏力学和建筑学的学者。他们的理论知识非常丰富，第一步，由他们提出可行的方程式，然后大家一起甄选，最后选定一个方案。我们兴奋地忙碌了近一小时后，几个小组的木棍都搭得很高了，一切似乎完美无缺，我们激动地等待着教授的测评。

谁知教授面无表情地拿着尺子逐组进行了测量，不置可否，接着打开投影，为我们播了一段 VCR。视频中，一群金发碧眼、天真活泼的小朋友也在玩这个游戏，他们没有进行什么"研讨"，径直就"垒"了起来。他们不知道什么"力学"，不知道如何才能落实"最佳方程式"，他们仅凭直觉，迅速垒高……没有任何知识的束缚，他们任由想象力驰骋。结果是，他们搭的木条，比我们现场的任何一组耶鲁大学管理学院的学生搭的都要高！

教授的脸上焕出光彩，我们则"羞愧"地低下了头。

为什么美国是创新大国？为什么美国能培育出那么多的诺贝尔奖获得者？答案非常明了。卸下那些知识带来的包袱吧，把我们的思想真正解放出来吧！那些大人们自以为是的方法、知识、规则……可能正是束缚我们创造力的桎梏！

在耶鲁大学管理学院经历过的这个小游戏，让我彻底明白：很多时候我们在课堂上学到的"解题技巧""基本方程""文章格式"等，仅仅是在圈定规则的考试中才有用，而真正解决现实问题的，靠的是创造力。其实，教授在游戏开始之初，并没有要求我们按照什么力学、建筑学的思路去进行，是我们自己陷入了有"套路可循"、有"标准答案"的惯有思路中。

在耶鲁大学管理学院的游学让我切身感受到，耶鲁的老师只会告诉学生一个正确的价值观，学生在理解和认同这些价值观后，依据各自的角度与各自擅长之初去做就可以了。这和中国古圣贤所说的"无可无不可"殊途同归，甚至让我感觉耶鲁的教学也有些"无为而无不为"的意境。

第二节　斯坦福：创造力与社交力的培养

在接受了耶鲁"敢想就去做"的洗礼之后，我果断地决定，要去斯坦福看看。在我刚刚作出这个决定的时候，就有好友跟我说："斯坦福的教育，是对人探索性与社交力的培养。"听了这句话，我非常有感触。在我看来，与接受应试教育的学生比起来，接受美国式教育的学生似乎更外向、更具社交能力。那么，是怎样的教育差别造成这样的结果呢？我是带着这样的疑问踏上了斯坦福的游学之旅。

创校于 1891 年的斯坦福大学，是一所享誉世界的私立研究型大学，该校因独特、明确的创校理念，形成了独树一格的斯坦福传统，与哈佛大学齐名。斯坦福校友创办了众多著名的公司机构，共 58 名诺贝尔奖得主现或曾于该校学习或工作。根据美国《福布斯》杂志 2010 年盘点的亿万富翁最多的大学，斯坦福大学名列第二，亿万富翁数量达 28 位，仅次于哈佛大学，是诺贝尔奖得主最多的前十所世界名校之一。

斯坦福大学的教室与我们平时接触的教室不一样，老师与学生没有空间的限制，大家都是自由活动的。在教室的顶上，有无数个轨道，连接的木板随时可以穿插活动。这个人在便条写了东西可以传给另一个人，另一个人写好可以把木板传给下一个人，这种灵活的沟通方式，更易于人们思维的碰撞、交换信息。给学生足够的空间和想象，去培养他们的创造力，让他们自己去探索、认识世界，鼓励学生将自己与众不同的想法提出。培养学生的创业精神和创业技能，是斯坦福大学的使命和目标。斯坦福大学的创新教育包括课程教育和非课程教育，其中生动活泼的非课程教育是课程教育的有益补充。斯坦福大学开展师生的广泛合作交流、积极参与、产学研与企业的多方互动，是一种开放互动、学科交融的创新创业教育模式，值得我们学习和借鉴。

经过近距离的观察以及聆听讲座，我在斯坦福的这段游学经历里体会到了中美教育的一些异同，让我受益匪浅。

　　在国内，不管是家庭教育还是学校教育，都会不自觉地把大人们的意志强加给孩子，总是希望孩子按照我们的思路，遵从我们的安排，然而当孩子真正面对困难的时候，又要批评孩子缺乏主见、缺乏创造力和自我识别问题的判断能力。相对于中国的家长来说，美国的家长更注重的是孩子的社会交往和情绪管理能力，而不是那一纸成绩。对于美国家长来说，与同伴进行积极的社交互动是每个孩子必须具备的技能，这虽然不能像学习成绩那样用书面成绩进行考核，也没有学习成绩产生的效果那般立竿见影，却对孩子以后人生道路上的发展影响深远。在众多美国家长的眼中，演讲能力、领导能力、协作能力等综合素质才是孩子这一生最宝贵的财富。他们更注重孩子社交能力的提高和自控能力的把握。

　　家长们逐渐意识到，一味要求孩子无条件地服从只会让孩子失去自我产生压抑和自卑感。再小的孩子也是一个单独的个体，也有思想，也有自己的意识。倾听孩子的想法、尊重孩子的意愿，通过引导而不是强制性灌输的方式陪伴孩子成长，这是我们应该调整的教育模式。教育的目的并不是训练一台会听话的机器，而是激发孩子内在的主动性和原动力。家长只是引导者，不要做霸道的"灌输者"。

　　在孩子成长的过程中，我们要教会孩子如何充分地拥有个性发展的空间，在生活中激发孩子的创造力，保护好孩子的探索欲望，让孩子在玩中既能学到知识又开心。

　　我们要鼓励孩子表达自己的观点，不强调答案方法的唯一性，给孩子足够的尊重和自由，打开孩子想象的大门，让孩子拥有梦想的翅膀。

教育中最可贵的，是能让孩子独立完成某一件事情，或者是在一个小集体中通过协作来共同完成一个任务，大人决不加任何的限制，而且在最后不管结果如何都会夸赞那些努力的孩子。其实这就是在培养孩子独立面对困难的能力、小集体之间协同作战的能力，还有孩子性格中的包容性和妥协意识；同时还培养了孩子的自主意识、在团队中的服从意识和领导才能。

我们的孩子在教育中最缺的就是协作精神和包容性。因为我们灌输给孩子太多成年人的意识，让孩子过早地形成一种不良的竞争意识。当我们用成年人的眼光和标准对孩子的创造力进行优劣的评价时，其实我们已经剥夺了孩子的创造性，已经丢弃了对孩子的尊重，失去了保护孩子个性发展的教育目的。而这样的教育，只能让我们的孩子变得更加的虚伪、更加的自私，丧失团队协作意识。而这样的教育带来的后果，其实是整个社会都不想面对的。我们家长需要做的就是深思之后的改变，让我们尊重孩子的发展，尊重孩子的个体。那一纸成绩永远也无法证明自己的孩子，分数永远不是衡量一个孩子是否有才华的标尺。只有给孩子机会，给孩子空间，尊重孩子，我们才有机会让孩子将自己的才华展现出来，也才有可能看到孩子身上更多的闪光之处！亲爱的家长们，我们必须明白，只有会玩的孩子、贪玩的孩子才会更聪明，淘气的孩子才会拥有挑战精神。

我在斯坦福大学的游学还有一个收获，就是了解到斯坦福的一项最新调研结果：运动，让孩子变得更聪明。关于运动方面的内容，我已经在前文中有所探讨，此处就不再赘述。

第三节　西点军校：培养世界五百强 CEO 的学校

走过两大名校之后，我总觉得经历中缺少了一点点戎装的味道。于是，我选择走进西点军校，这次游学的经历带给我的不仅仅是阅历的丰富，更是在精神层面上的巨大震撼。

众所周知，西点军校培养出了多位美国总统，还包括许多知名的军事家和世界 500 强企业家。著名的《西点校训》非常简短，翻译成中文仅有六个字三个词：责任、荣誉、国家（Duty, Honor, Country）。

简短的三个词，却绝非空话和大话，西点军校要求她的每位学生都认真地思考，并用军人的荣誉和生命来实践这三个词的校训。

学校的教官给我们这些游学的学生播放了一个教学影片。影片的叙事角度非常奇特——没有运筹帷幄的战略，没有战火纷飞的过往，只讲了一个发生在战场上的平凡又深刻的故事：

一次军事行动中，一位来自西点军校的学生被派往某战地医院做救护工作。当时的情况万分紧急，学生面临一个两难选择——身负重伤的军人腿上绑着一枚炸弹，如果不立即取下并进行救治，伤者将很快因为失血而亡；如果动手取下炸弹，那整个医院被炸毁的可能性高达 50%！

怎么办？

这名学生只有两个选择：一，赶快将这个伤员遣送离开，让他自生自灭；二，迅速作出抉择，冒着生命危险为伤者拆弹。

短暂的犹豫之后，学生想到了母校的校训，一股崇高的责任感油然而生。是的，作为一名军人，为了保护人民而死，乃是国家赋予的责任；作为一名医生，救死扶伤乃是天职；作为西点军校的学生，挽救英雄于危亡，不仅关乎母校的声誉，更关乎个人荣誉。救治伤者是他义不容辞的选择！

于是，学生下定决心，径直上前去给这位伤者取弹。

当这名学生终于成功拆下炸弹时……

在场的所有人都长长地出了一口气，接着便是雷鸣般的掌声。

所有观摩影片的同学，都忍不住哭了。

包括我在内。

看后我感慨万千。是的，人性天赋，并没有身份、职业乃至国家、民族的区别。身为人母，应该像西点军校这位义无反顾的学生一样，勇敢地挑起教养后代的责任，告诉我们的下一代：小到一个家庭，大到一个社会，不管走到哪里，都不能忘了自己肩上必须承担的使命。

教官告诉我们，类似的故事在西点军校还有很多，这些故事鲜明地透露了西点人领导力的奥秘。那就是，学生的执行力、领导力之所以高效，归根到底，是学生本人必须成为一个人格高尚的人。领导的要义在于，不是因为你能力最强或者智慧最高，别人就会执行你的意志。所谓"公生明、廉生威"，领导力的强弱在于德行之多寡，在于能否设身处地为下属着想。

第四节　哈佛：答案需要你自己去寻找

很多当了妈妈的闺蜜跟我抱怨，说自从生了宝宝，生活就基本要与世隔绝，失去了自己的朋友圈，牺牲掉了二人世界的浪漫时光，虽然已经全身心的埋头于照顾孩子的过程当中，但是仍然感觉心力交瘁、焦头烂额。然而我觉得，这些情况出现之后应该去反思自己，而不是抱怨周遭环境。

我一直认为，要相信自己拥有无限的潜能，并将精力放在探索如何做好"母亲"这个角色上，而不是去抱怨环境、抱怨你无法改变的客观世界。你的"抱怨"会给孩子的童年蒙上阴影。在我看来，很多时候，我们不是因为事情困难而不敢做，而正是因为我们不敢做，事情才变得困难。

为了给孩子做出榜样，同时也想告诉宝妈们，当了妈妈之后，我们依然可以去完善自己，让自己更完美，成为孩子眼中最美的风景。于是，在丰富的游学经历之后，经过深思熟虑的我下定决心，希望能申请到哈佛商学院学习。

也许是皇天不负有心人，也许是因为我不断的努力，历经二年的申请，我终于踏上了哈佛商学院的求学之路，终于可以再次以学生的身份，走进哈佛商学院的校园，这似乎令我一下子回到了十八岁，既兴奋又充满期待。虽然课业工程巨大，要学习和讨论 130 多个案例，但在我的心中，还是享受着这份成为两个孩子妈妈后的紧张感。

走进哈佛商学院的第一天，我与几十个同学一起站在凛冽的寒风中，感受着这所声名卓著的世界顶尖大学给大家带来的震撼。哈佛大学位于波士顿市的剑桥城，为何这里又会出现一个"剑桥"呢？大家肯定在想，这与英国的"剑桥大学"有什么关联吧。15世纪末，由欧洲通往美洲的大西洋航道被哥伦布开辟出来以后，欧洲人纷纷远涉重洋来到美洲。17世纪初，首批英国移民到达北美，在那里开拓自己的"伊甸园"——新英格兰。移民中有100多名清教徒，曾在牛津大学和剑桥大学受过古典式的高等教育，为了让自己的子孙后代在新的家园也能够接受这种教育，他们决定筹建一所像英国剑桥大学那样的高等学府。他们于1636年在马萨诸塞州的查尔斯河畔建立了美国历史上第一所学府，名称就叫"剑桥学院"，同时，该学院所在的镇就被命名为"剑桥城"。1636年正式开学，第一届学生只有9名。（建校比美国建国早了140年。）

哈佛商学院的校园环境古朴而优美，教学、研究与行政制度呈现出其独特的学术风格，吸引并激励着无数豪情壮志追寻理想的知识青年，前来加入这所学术研究的殿堂，接受博学鸿儒的教导与熏陶，最终被培养成才华横溢、能力超群、拥有高尚人格的青年才俊。每一个阳光明媚的早晨，当你走进清晨的校园时，这里没有吵闹，没有熙熙攘攘的人群，有的只是在草地上三五成群、各自捧着自己心爱的书，沉浸在书香之中的学生；有的只有晨跑的脚步声。真喜欢这样的感觉，这种宁静的氛围让我可以平静地享受知识带给我的快乐！

17世纪，700位清教徒在此地拓荒，成立了"新村"（New Village）。

在哈佛大学地铁改建前，哈佛广场中间的书报店原本是地铁的出口，其外观至今依然保留着"哈佛广场"几个英文大字，以满足人们的思古幽情。

作为哈佛商学院的特色，每位教授在课程结束前的最后一堂课上都要讲述自己的人生故事，送给学生们作为特别的礼物。这样的授课形式可以说是不拘一格、活泼风趣，哈佛教授在授课的同时，常常旁征博引，援引各类短小精悍、意趣盎然的故事，大大提升了教学效果。岁月流转，经过口口相传，这些教授口中的故事像长上了翅膀，风靡全世界，深受各类朋友的喜爱，同时也丰富和扩展了哈佛商学院课程的血肉和框架。

在哈佛商学院上课，学生需要课前查阅很多与本课题有关的资料。弄懂这些资料后，教授会在课堂上提问，学生自由作答。但无论答案是什么，教授都会赞同你的说法，不住地对你说"YES"。而且，在教授的讲义中，一大半内容都是学生得出的结论，这让学生觉得，其实自己在学习中占据了主动性。在同学们的眼中，教授是在用生命将他挚爱的内容和学生进行平等而真诚的对话。知识是神圣的，教授们倾囊相授的态度，更激发起每一位同学的学习兴趣与斗志。孔子说："知之者不如好之者，好之者不如乐之者。"激发学习者的兴趣，在东西方教育中都占据着举足轻重的地位。

当我坐在哈佛最大的怀德纳图书馆，也是世界藏书量第一的大学图书馆时，不少获知我到哈佛商学院学习的朋友在微博上发私信询问："Yolanda，凌晨四点半的哈佛图书馆，是不是真的如网上所说，永远灯火通明?"

哈佛大学图书馆凌晨四点半依旧灯火辉煌的故事,已经在国内外家喻户晓。于是,我真的走访了几座哈佛中比较有名的图书馆,发现几乎所有图书馆都在零点前闭馆,只有 Lamont Library 的开放时间是"24 小时"。

但是,我亲眼所见的一个场景,比"凌晨四点半"的这则故事更有趣。我到哈佛商学院时,正好是半夜两点。让我惊讶的是,整个校园灯火通明,简直就是一座不夜城。不管是餐厅还是教室,很多学生都在看书,那种浓厚的学习氛围一下子就感染了我。据说,哈佛的学生餐厅很难听到说话的声音,每个学生端着披萨可乐坐下后,往往边吃边看书或是边做笔记。很少见到哪个学生光吃不读,也很少见到哪个学生边吃边闲聊。在哈佛,餐厅不过是一个可以吃东西的图书馆,是哈佛 100 个正宗图书馆之外的另类图书馆。哈佛的博士生,可能每三天就要啃下一本大书,每本几百页,还要交上阅读报告。可以说,焚膏继晷、废寝忘食是对哈佛学子刻苦学习精神的最好描述。

在此,我要补充一句,哈佛大学的学子们虽然认真刻苦,但大家都是发自内心地读书,而不是"看上去很刻苦""假装很努力"。这里并没有谁以"刷夜"为荣,更没有学生暗自较量谁能在图书馆熬到最晚。这些名校走出的学生所崇尚的,是叫做"productiveness"(效率,多产)的词。

"效率"这个关键词,也是我在哈佛商学院读书时思考最多的。可能在很多人眼中,我是个可以兼顾很多事情的女超人,其实我并不是什么女超人，只是将生活中的时间表形成了自己潜移默化的生物钟，我会严格来执行自己的时间安排。而且我特别擅长"一心两用"，即利用零碎的时间来学习和育儿。比如我会在上下班的途中听书，或者一边做家务一边给孩子讲故事。这些看上去让人感到紧张的时间安排，却是我提高效率的小秘籍。

在哈佛商学院学习的过程中，不管是与同学的交流，还是共同的生活，我发现，来哈佛读书的人不仅拥有聪慧的头脑，更具备个性化的性格和独特的想法。一个人的丰富，首先是精神上的开阔与执着；一位优秀的妈妈，一定是努力上进、博学多才的女子，而这一切都源自每个人内心深处的渴望与意愿。

当我们可以超越诱惑、做出正确的选择时，展示的是一种超越平庸的个人标准以及理性的判断力。在压力下，情感成熟、明辨是非并能作出正确判断，才是一位值得别人信任和尊敬的人，也许这才是教育的真谛。

我认为，当我们寻求事业成功、追求美好生活的时候，不管是初入职场还是身居要职，对于一些更重要、更基本的问题，只有自己才能找到答案。学习的过程，其实是让我们从中领悟成长的真谛、成功的价值与人生的真意。在学习中，我们学会的是沉淀、是感动，得到的是启发、是心灵的震撼，所以学习的过程其实就是获得支点的过程。那么最终能否有勇气撬动地球，只能看你是否可以将敢想转化为敢做。

第五章　感谢孩子，让我的人生得到进阶

　　如果你认为，是孩子阻挡了你前行的脚步，那么这种想法就会一直横亘在心头，任何失意的瞬间、任何心力交瘁的时刻，你都会把责任推到孩子身上。作为一个母亲，需要有稳定的情绪、成熟的心态、换位思考的意识、平等沟通的态度……做不到这些，是不可能成为一个好母亲、一个好妻子的。试想，如果你一会儿心情忧郁、情绪一落千丈，一会儿又怒火冲天、暴跳如雷；一边严厉苛责，一边又不以身作则……哪个孩子能喜欢这样的母亲？避免孩子在喜怒无常的情绪里受伤，避免孩子在朝令夕改的规矩中迷茫，需要一个能够不断反省、不断完善自己的母亲。在孩子的成长道路上，做一个云淡风轻、满怀爱和智慧的陪伴者，这才是孩子最需要的母亲。在我成为妈妈后，我更愿意从内心深处去认识自我、探究自我。因为我知道，妈妈的内心有多完善，就能在多大程度上影响宝宝们的心理成长。

第一节　孩子让我成了家庭CEO

生子之前，我自认为是财商"在线"的领导者，不刻意强调自己女性的身份，时刻保持理智和严谨的态度在商界打拼。结婚生子之后，身份的变化让我有意识地引导子女建立有远见的财富观，理性辩证地看待金钱，这将是他们受用终生的能力，也是我撰写这篇文章与大家分享的初衷。

如果有人问，世界上最聪明的民族是哪一个？相信很多人会脱口而出——犹太人。的确，像大家从小就熟知的爱因斯坦、马克思以及弗洛伊德，都是犹太人。如此说来，是不是勾起了你对这个神奇的民族强烈的好奇心呢？犹太人口仅占全球总人口的0.25%，却获得了27%的诺贝尔奖！你一定特别想知道，为什么犹太人会有如此多的杰出人物？为什么犹太人如此出色？这和他们的民族文化、家庭教育又有着多大的关系呢？

犹太人的民族、文化和宗教信仰之间具有很强的关联性，而犹太教是维系全体犹太人之间认同感的传统宗教。除此之外，犹太人代代相传的教育方式也是维系整个民族、甚至让这个民族在从未停止漂泊的情况下始终屹立于世界之林的重要原因。而对孩子财商教育的重视，是其中非常重要的一部分，这使得他们在经营、管理金钱的过程中不仅了解了获取财富的手段、提高对享受财富的认识，获得了在现实生活中立足的能力，同时也培养了很多其他的宝贵品质，比如延迟享受、学会取舍、重视细节等，使孩子在成年之后就能迅速找到社会和个人之间的平衡点，适应社会需求，逐渐实现生活和事业的双丰收。

其实，财商不仅对于一个民族，且对于最小的社会集体——家庭来说，也是很重要的。经营家庭，是每一个家庭的"CEO"所必备的能力。

在中国，大部分的家庭理财的主角都是女性，这样的特殊身份在婚礼上戴上戒指的那一刻、宣誓结束的那一秒就被赋予了，接下来的人生，我们不可避免地要与"柴米油盐酱醋茶"打交道。但是婚姻没有上岗培训，许多女孩会或多或少地贪恋过去被父母保护起来的舒适生活，不愿意或是没有自信拿起账簿，真正成为家庭的女主人，担起家庭女主人的责任。这实则是一种逃避，财商管理能力的缺乏不仅不能更好地管理自己的生活，而且在财商管理方面过度依赖另一半或其他家人，也会影响到对下一代的教育。试想一个糊涂的母亲，怎么能培养出一个逻辑清晰、思维缜密、有格局、有目标的孩子呢？有句话说："没有天生的穷人，也没有天生的富人，但是贫穷却是能够遗传的。""财商"是判断一个人商业敏锐性的重要途径，它不仅能帮助人们形成对财富的正确理解，而且可以培养孩子管理财富和创造财富的能力，这点对于孩子来说受益终生。

《我的前半生》是 2018 年一档反响强烈的热播电视连续剧，剧中女主角罗子君的第一段婚姻可以被认定为以失败告终。儿子每天上学，老公每日上班，阿姨做家务，而 33 岁的她作为全职太太则是四体不勤，多年圈养在家，完全做起了撒手掌柜。天真、不谙世事甚至没有社会经验和生存能力，使她在婚姻中处于极其被动的地位.当老公出轨、提出离婚的时候，她顿时成为中年弃妇，活生生地被生活扒了层皮。艺术虽然是对现实生活的加工，却也来源于现实生活，这的确能够警示每一个女人，如果你活得不够聪明，那你只能苦苦地等着生活的审判，而审判的最终结果往往是被判出局；恰恰相反，聪明的女人更愿意去主宰自己的生活，成为生活的裁判。

结婚之前，我只是管理个人和公司的财务，作为公司 CEO 的我积累了不少财务上的知识和经济学常识，通过工作生活中的种种经历，我发现家庭的财务管理与公司管理有异曲同工之处。财务，尤其是现金流管理是一个企业的支柱，而对家庭来说也是如此，它涵盖的范围非常广泛，比如孩子教育基金的费用、每个月的生活费，还有未来规划或储备投资的费用等。家庭财务管理的分类很细，而且需要面面俱到，不能有一丝的懈怠。

我认为，作为女性，财商管理其实也反映了我们的理性思维能力，这也是我在一次印象非常深刻的经历后产生的想法。当时，我正巧陪先生去纽约交易所敲钟，而纽交所的位置就处于 CNN 电视台里面，先生敲钟的同时，另一边各种大大小小的交易也开始了，我在现场感觉非常震撼，因为我分明地感受到了每一分、每一秒的时间都和金钱挂钩，那一刻，时间和金钱仿佛都是肉眼可见、真实存在的，"时间就是金钱"这句话被这一刻的事物诠释得淋漓尽致。

和我一同在场的还有很多女性，在与她们进行交流的过程中，我发现大家除了举止优雅外还有一个共同的特点，那就是能够用理性思维来思考问题，而不是用单纯的感性思维。那一刻我真切地感受到了智慧才是最高级的感性，特别是和几位外国朋友一番交谈后，我猛地意识到，女性如果能够在工作、生活中搭建起理性思维的框架，拥有良好清晰的逻辑思维，会对整个家庭产生极其深刻的影响。

回到家后，我给儿子讲述了这个敲钟的故事，儿子根据这个故事和照片画了一幅漫画：一只猛兽骑着一头牛，旁边站着一个美女，还真有点"美女与野兽"的意思。我问儿子他想表达什么，原来在儿子的眼中，爸爸敲钟就像骑着牛的猛兽一般雄伟勇敢，通过敲响巨钟来赢得美女妈妈的芳心。儿子通过这幅幽默的画，把这个故事蕴含的内容以他自己的表达形式展现出来，而从敲钟那一刻起，我也开始将自己的所感所想有意识地运用到生活中的日常点滴。

据悉，从小开始财商教育在国外已是共识。法国孩子三四岁即开始"家庭理财课程"；美国孩子则从 3 岁就开始财商教育。

与发达国家相比，中国家长仍然处于重视提高孩子智商和情商的阶段，财商教育仍是空白。目前中国的财商教育处于起步阶段，即使父母们已经意识到这一问题，也很难找到系统化、专业化的财商教育指导服务。

财商教育专家的观点是"财商教育在孩子 3 岁时就应当开始"。这会令大多数家长感到意外，因为在大多数家庭中，4 岁至 5 岁的孩子很少有零用钱支配。现在的中国孩子多数生活在物质丰富的家庭中，父母就算自己吃苦受累，也要把最好的给孩子。可是，这种"爱"很容易会让孩子花起钱来没概念。在六岁以前的萌芽期，孩子具有强大的信息吸收能力，财商教育专家建议，这个阶段可以教孩子认识金钱，认识身边熟悉对象的价值，让孩子学会储蓄。

关于金钱，很多家长都认为不应该和小孩子谈钱，但是我们从小就比较注重对孩子"财商"的培养。Mitchell 似乎天生对钱很感兴趣，为了进一步培养他的财商意识，在儿子刚 1 岁的时候，我就专门给他买了个钱包和储钱罐，里面放着各种硬币。在每周去超市采购的时候，我都会有意识地让孩子刷卡结账付款，或者把现金交给他，让他自己去收银台找回零钱。我想通过类似的实地操作，告诉 Mitchell 钱有什么作用，应该怎么用。

因为学过 MBA，也见过各种大大小小的财务操作场面，我自认为在很多事情的处理过程中可以做到得心应手，但在和孩子一起做过几次手工和实验的游戏之后，却让我觉得十分震撼，从中得到了不少启发，因为孩子处理问题的思路和方法着实让我非常惊讶。

比如有次和儿子一起做手工，我们的任务是搭一个漂亮的小房子。我当时的思路就是一定要用最快的时间搭出最坚固的房子，于是我把每一个用来搭房子的小方块四面都粘上了双面胶，然后再一排排地拼起来。但是大宝并不是这样做的，他只把四块放在房子四个角的小木块粘上双面胶，然后一个面一个面地摆放好后，再一起粘上胶。他这样做的效率非常高，搭好之后的成品也特别好看，完全超出了我对他的预期。

看到他的作品后，不禁让我对孩子的思维模式有了一些新的理解和体悟。这次经历让我对孩子们拥有的框架思维和意识有了很深刻的认识，从一开始的惊讶到后来的佩服。过去我常常认为孩子的认知、思维能力发展还不成熟，家长和老师是孩子成长路上的领路人和引导者，慢慢地我觉得有时候孩子们也是我们的老师，在很多事情处理的思维方式上，他们的很多见解和优势确实值得大人去学习和思考。虽然我是家庭的CEO，但孩子才是我的开门锁。

"财商教育"也要解决人们要面对的两大难题——恐惧与贪婪，我们不能为了暂时的享受而沦为金钱的奴隶。犹太人财商教育中最重要的一项是培养"延后享受"的理念，也就是延期满足自己的欲望，来追求自己未来更大的回报，这几乎成了犹太人教育的核心，也是犹太人成功的最大秘密。他们会这样告诉小孩："如果你喜欢玩，你就需要去赚取你自己的自由时间，这需要良好的教育和学业成绩。然后你可以找到更好的工作，赚到很多钱，你可以玩更长的时间，玩更昂贵的玩具。如果你搞错了顺序，整个系统就不会正常地工作，最终结果就是，你只能拥有一些很快会坏掉的便宜玩具，一辈子都需要更努力地工作，没有玩具。"这种教育几乎融入了现代社会的价值观，通过树立个人的人生目标，进而进行理性的规划，最终目标是幸福的一生。

第二节　做个不断进取的妈妈

一直以来，我都严格要求自己，追求内外兼修。我深感，当外貌、思想、经历和教养组合在一起，才是你独一无二的气质。当了妈妈之后，孩子给了我无穷的动力，让我时刻保持开放积极，吸收更多能量，滋养我所爱的家人。

从小独自求学，敢打敢闯，我的自我感觉一直很好，自以为料理家庭也是小菜一碟。但结婚有了孩子之后，却发现自己很多方面都不擅长，需要从头学起。这个学习过程是自我增值的过程。在教育孩子的过程中，我学会了反省、学会了倾听。我真正觉得在我当了母亲的那一刻，我的人生真正进阶了。孩子在慢慢长大，我也慢慢胜任了更多的角色，成为一个更好的妻子、母亲及女儿。

很多人说女人结婚后就开始"贬值"，甚至还划定了年龄线，有说从30岁，有说从40岁，这实在是对女性赤裸裸的歧视，甚至是物化女性的一种论调！的确，随着年龄的增长，女人首先从外表开始了不可逆的衰老，但是，没有丑女人，只有懒女人，在婚姻里灰头土脸地老去，只是自己的选择。很多女人结婚前很注意打扮，讲究自己的仪容，但是结婚后却变得十分邋遢，不顾形象。

任何人都无法阻止岁月的消逝，但是我们有权利使自己清爽干净，打扮得大方得体。首先要学会保养自己的肌肤，贴个面膜、画个淡妆，让自己看起来神采奕奕。穿的衣服不一定是名牌，不一定很昂贵，但是要选适合自己的肤色、体型和气质。

舒婷的《致橡树》写得特别好，也是我最喜欢的诗歌之一，"我如果爱你——绝不像攀援的凌霄花，借你的高枝炫耀自己"，女人最危险的行为，就是结婚后变成了一根青藤，紧紧地缠绕在男人身上。这种爱很可怕，不仅丧失自我，让爱情贬值，也会让男人窒息。

前段时间大火的电视剧《我的前半生》里的罗子君就是典型的例子，只会"买买买"和"催催催"，不但不能为他人分担，还总是给人添麻烦。

而"第三者"凌玲一直为男方考虑，工作细致、顾大局、识大体，还受了这么多的委屈。这样一对比，"第三者"上位岂不是迟早的事情？

试想如果你是一个男人，一个女人的世界里只有你。你害怕吗？所以，不要做男人的点缀，要独立又美丽。拥有家庭后的女子更应该试着不断提升自己，这也是爱情保鲜的一个很不错的法子。

"婆婆妈妈""喋喋不休"，这些多是用来形容女人特点的词汇。一定不要整天为鸡毛蒜皮的琐事抱怨，更不要抱怨自己是天底下最痛苦、最委屈、最累的人。每个人都会遭遇烦恼，不如意之事十有八九，抱怨在婚姻中是最无效的，只会带来反感。要做智慧的女人，去勇敢地尝试不同的领域，学习新的事物，让自己在经营婚姻中不断成长，这也会帮助我们巧妙地化解困难，发现快乐。

由于生活压力加大、心理负担增加，很多女性在做了母亲之后往往会被动地选择停滞不前。很多新鲜的东西也不再学习，一成不变地守着自己的孩子。在我看来，这是非常错误的。与之正相反，我认为妈妈在这一阶段更应该充实自己，和孩子一起进步。对孩子来说，妈妈的行为就是最好的一个学习的模板。

现在我也一直在不断地学习，之前我一点都不懂工业 4.0、人工智能 AI、区块链等概念，这些方面也是我从来没有接触过的。但是现在 5G 时代到来了，时代的进步要求作为投资人的我必须要与时俱进，不断学习。为了孩子，我再次踏上游学之路，学习与工作生活相关的各种知识，仿佛又回到学生时代，重新拿起笔记本认真地做起了笔记。

孩子是上天赐给我们的礼物，同时也是赐给我们成长道路上的老师。我们能够深刻地感受到，做了父母后增加更多的宽容与平和。养育一个孩子的过程真的比学一种技能难多了，学一种技能尚且需要十年才能由专、精逐渐过渡到深，更何况是培养一个会跑、会闹、有思想、有性格的孩子！在与孩子相处的过程中，我们自身也在不断地蜕变。

曾经特别喜欢这段话："你跌跌撞撞，一路成长；我磕磕绊绊，学做爹娘；你给我无数机会错了再改；我却经常吝啬让你多错一次。为人父母就是一场修行，我要走的路还有很长，也许某日当我终于修行有成，再看你，已玉树临风！"如今，作为两个孩子的妈妈，不求修行有成，只管日进一步。与孩子一起成长吧！

第三节　做个有生活仪式感的妈妈

以前的我专注于学业及公司的经营管理，这差不多占据了我生活的全部。所以，什么节假日啦、重要的纪念日啊，甚至是自己的生日，我觉得都不重要，总觉得在这些日子上花更多心思是浪费时间。然而在当了母亲之后，我意识到对于孩子而言，每一天都是极其特别的，每一天都是值得被记住的。

生活中有许多时刻之所以被记住，是因为仪式感的存在而感觉不同。仪式感并不需要过于奢华的场景。对于人的情感世界来说，有时未必需要多么隆重的仪式、多么贵重的礼物，一个温馨的氛围、一个意会的眼神足以使彼此之间的关系变得更加亲密，而这种仪式感更多的体现在各种节日上。

以前的我，可以为了事业而放弃各种节假日的休息。而现在，我格外珍惜每一个节日。节日的仪式感，让我们能在生活中跟随天地万物的时节变化去感悟人生。同时，也由于这些仪式，才能够陪孩子去感知生命和宇宙中的万事万物。是孩子，让我重视生活中的仪式感。

通过过节日，孩子们会了解到更多的知识与文化。他们经常会问："妈妈，明天是什么节日？"我会认真地去准备更多"节日"的功课：比如宝贝们最喜欢的万圣节，我会买一些"COS服"，家里所有人都会装扮起来，一起去讨糖果，一起做南瓜灯，刻上自己喜欢的图案。元宵节，我会做老家的小汤圆，里面加上白萝卜条、青菜等材料。端午节我们一起包绿豆仁、蛋黄、火腿肉，以及孩子们能想到的各种馅的粽子。中秋节和孩子一起做月饼，带着孩子、拿着灯笼在院子里走一圈，给他们讲嫦娥的故事，一起祭月。圣诞节我会给孩子们准备好礼物，爸爸装扮成圣诞老人把礼物送给他们。感恩节我会烤火鸡，宴请朋友。复活节孩子们会戴着小白兔的小帽子，在院子的树下、花园里找彩蛋。春节跨年夜，一家人等到12点钟一起跨新年，让孩子们意识到新的一年到来了，自己又长大了一岁。

家里每一个人过生日，我们都会做卡片送给对方，包装礼物盒，动手做蛋糕，孩子们非常享受这个过程。

黄磊在上《奇葩说》节目时这样说："如果有一天，有个男人向我的女儿求婚，而对方说不办婚礼，那么我会跟女儿说：不要嫁给他！

连那样的仪式感都没有，我认为是不对的。"在黄磊看来，婚礼是夫妻最重要的"仪式"。而在一个幸福的家庭中，恰恰不能少的就是"仪式感"。"仪式"这种特殊行为方式满足了人们心灵上的许多需求，是人们对美好生活的祝福和向往最直接的表达。

《小王子》里有这样一个小小的片段：小王子第一次遇到狐狸时，狐狸告诉他，相识是需要一定的仪式的，这很重要，因为伴随着这个仪式，很多原本无关紧要、可有可无的东西就会被赋予意义。好比狐狸一看到小麦，就会想起小王子的发色，有了仪式，生活也有了期待，比如小王子每天下午 4 点会来，那么到了 3 点钟的时候，狐狸就会满心期待。"仪式究竟是什么？"小王子问道。狐狸告诉他："它就是使某一天与其他日子不同，使某一时刻与其他时刻不同。"

作为母亲，一定要重视生活中的仪式感，这些点滴记录着孩子小时候的美好回忆，在若干年后，也许能成为触动他们心底最柔软的部分，让他们重新相信，生活就是一个节日，接着另一个节日。也许，孩子还小，长大了记不起当时当日的场景，但是爸爸妈妈的爱，和那天带给他的快乐，他们一定会记得的！

生活需要用心、用爱去经营，注重仪式感能使人热爱生活。一个充满爱与仪式感的家庭，一定会给孩子一个温馨幸福的童年。

第四节　做个广交朋友的妈妈

刚开始做妈妈，我确实什么都不会，自己的朋友圈也大多限于企业商界圈，还真没有其他的什么兴趣爱好朋友圈。

等孩子上了幼儿园，接送孩子的时候，才发现自己跟这些妈妈们聊不到一起，大家谈论的要么是今天画了什么油画，要么是去参加拉丁舞的表演。尽管我一直特别向往拉丁舞，但一直没有学过，后来才被这些妈妈们邀请，加入她们的拉丁舞爱好群。有了共同的爱好，也就有了更多可以沟通的共同话题。在这里把我平时带孩子的一些小困惑，比如孩子性格内向、吃饭挑食等问题，通过这些妈妈"达人"，都能得到非常有用的解答。妈妈们聊到一起去了，孩子们也更加能玩到一起去，规划了更多在一起玩耍的项目和时间。

跟她们一起交流能让我学到不少东西。一位妈妈有一个类似万年历的本子，她把孩子课外活动的时间、放假的时间、老公体检的时间、自己学习提升的时间、家庭旅行计划等都写在本子上。当我被允许翻看她的本子时非常惊讶，因为我比较喜欢在手机上记录，能把每天的琐事真正落实到本子上这点让我特别地佩服。平时多参与这些活动，就能从她们身上学到很多东西，我想，要是没有孩子，我是万万不可能认识并深入接触这些妈妈的。

通过跟这些妈妈的接触，才发现自己教育里的不足。我相信，跟我一样的很多新手父母会陷入这样的教育失衡——要么矫枉过正，要么就是看到自家孩子做什么都是可爱的，这样往往会形成对小孩子教育上错误的引导，以至于养成一些不好的习惯。而当大家一起来探讨教育孩子的得失的时候，就能看到每个孩子身上的不同，还有我们自身教育方式的差异。

曾经有闺蜜跟我讲述过她经历的一件事。闺蜜约姐妹带自己的孩子来家里玩，两个孩子都是男孩，这里我就直接用"小宝"和"小亮"作为他们的代号吧。相约好了时间，闺蜜站在玄关迎接客人们的到来，等他们刚出现在眼前，闺蜜还没来得及跟小宝打招呼问好，小家伙已经迫不及待地像箭一样从闺蜜的身边窜过去，"扑通"一屁股重重落在客厅沙发上。闺蜜虽然有点意外，但还是很高兴的，于是就跟孩子说："你们先在这玩，我去给你们拿水果和吃的！"

此时小宝再一次语出惊人："阿姨，你家有什么好吃的？我想吃冰淇淋。"闺蜜刚想回答，自己的儿子小亮马上说："冰箱里有，妈妈刚买的！"结果小宝没有经过闺蜜还有自己妈妈的许可，就径直走向冰箱，自己打开冰箱里开始找，自顾自拿了冰淇淋开吃。小宝妈妈虽然出言呵斥了自己的儿子，闺蜜还好心帮小宝圆了一下，但没想到接下来一系列发生的事情让闺蜜近乎崩溃！小宝坐在沙发上吃着冰淇淋，冰淇淋有一些融化下来，滴在地上。孩子就像没看见一样，此时还是闺蜜的儿子小亮从桌上拿起纸巾，把地上的冰激凌擦干净。

后来两个男孩一起看电视，不一会便听到小宝吼叫起来："遥控器给我，我来按，在家都是我按。"两个小朋友一起玩玩具，还没多一会又一次听到小宝大叫："我要玩这个，我先玩，我玩够了再你玩……"到最后，小宝妈妈带着自己儿子准备走的时候，小宝也是头也不回地就往门口冲，没有说声"再见"更没有一声"谢谢"。看到小宝这种状态，闺蜜愣在原地……不知是一种什么样的心情！

听到闺蜜的陈述，我立刻想到了 Mitchell。虽然他也是非常顽皮与淘气，但我跟先生却会在每次与人交往的时候教他很多礼仪，约束他的言行举止。比如每一次去朋友家玩，我和先生都会要求孩子必须先跟主人打招呼，并且一定要表示谢谢，才能进到房间里，并且不管朋友的家中是不是要求必须换鞋，作为客人一定要问一句："阿姨，需不需要我换鞋？"才能进去玩。

在听了闺蜜讲的故事之后，我在很多细节上也更加注重对两个孩子待人接物礼仪的培养。我会告诉他们不要在朋友家随便翻东西，在朋友家看电视或者做什么的时候记住自己是客人，需要尊重主人的意见，不要提过分的要求，更不能大吵大闹！当看到主人的一些新玩具或者相对比较贵重的玩具的时候，需要先征求主人的意见，"我们能不能一起玩？"经过小主人许可了才能一起开心地玩！

在朋友家，如果阿姨或者叔叔给一些水果或零食，一定要求小朋友吃完之后，将所有的零食包装及垃圾自觉地扔到垃圾桶。同样，在离开朋友家的时候，一定要非常有礼貌地和长辈说再见，表示对他们热情招待的感谢，并诚意邀请他们下次来自己家玩。

对孩子不能一味地宠爱，我们需要给孩子足够的信任和技能，一个有礼貌的孩子才会得到更多人的喜爱和关注。千万不要无度地宠爱孩子，当孩子在家中变成一个"小皇帝"时，立刻会在孩子的心中形成唯我独尊的心态，他们瞬间就会要求父母及周围的人要完全以他为中心。

而别人的经历或言行举止，都可成为对照我们自己教育方式的一面镜子，当你在与朋友接触交往和照顾孩子的时候，这种比照就能启发自己哪些地方教育不当或者不足，以后在哪些方面需要更加注意。如果将自己的生活与别人的生活隔离，不去与别人交流，把自己放在"真空"里教育小孩，很容易就会走偏，毕竟没有任何父母天生就是教育家，在封闭环境中长大的小孩子就会或多或少存在性格上的缺陷。

所以，不仅我自己会去积极地交朋友，还会引导 Mitchell 多交朋友，尽量创造条件请小朋友到我家玩。Mitchell 的玩伴来串门，我会要求 Mitchell 把玩具拿出来跟大家一起玩。有时，我也带着 Mitchell 到别人家去。

我印象最深刻的是每年万圣节时，小区里的小朋友们会从晚上 6 点开始挨家逐户地要糖。这一天，我们家也会按照习俗装扮一番，尤其是屋子外面，我们用几个大大的南瓜灯、玩具蜘蛛网和稻草人进行装扮，吸引了很多小朋友来我们家要糖。每次小朋友来要糖的时候，我一定要求 Mitchell 亲自抓糖、主动分糖，而 Mitchell 和小朋友一起分享时也感觉非常开心。当然，这一天里，我们会和孩子一起唱万圣节歌谣，陪着 Mitchell 到别人家去讨糖。Mitchell 对这些能和小朋友一起互动的活动感到非常兴奋。

父母要有耐心，要培养孩子的分享合作精神。在幼儿园和小区大院里，我经常不失时机地鼓励 Mitchell、Chelsea 和小朋友们一起玩耍，通过集体游戏，孩子们会很自然地培养分享合作精神。每次看到他们三五结伴地玩在一起，我也感到非常开心，似乎看到了自己童年的样子。有时，我还会和他们一道，按照一些绘本里的故事桥段来做游戏，让小朋友们在游戏中学会分享。冬天下雪的时候，我和先生经常带着

Mitchell 和邻居小朋友一起打雪仗、堆雪人，其乐融融，尽情享受着冰雪带来的愉悦。

我们家也会经常举办 Party，在很多节日，比如圣诞节的时候，我都会准备些礼物，让 Mitchell 带到学校送给大班小班的同学，和老师、同学们一起分享。每当这个时候，Mitchell 就会欢喜雀跃，一副非常开心的样子。

拉拉杂杂写了这么多，总之一点，做妈妈难免会有这样那样的困惑，一个人闭门造车、冥思苦想非但解决不了问题，反而会让自己容易走极端。因此，我给各位妈妈们的建议是：要走出来，努力去结识更多能够沟通和探讨的人，让自己在育儿过程中少走弯路。

第五节　做个温柔随和的妈妈

狮子座的我，对自己的决定和原则十分坚持，不容任何人质疑。一旦有人提出异议，我会选择用自己的方式去努力证明给对方看。狮子座的倔强性格，让我成为一个不达目的绝不轻言放弃的人，这或许是我创业成功的重要原因。但是，倔强也有它的另一面，那就是"强势"，有些时候，狮子座的我喜欢用"强势"来伪装自己的倔强，以至于不知道妥协。

起初，我并没有意识到自己的倔强在某些时候是一种缺点。直到当了妈妈后，我才意识到，很多时候，"倔小孩"其实都是"倔大人"的真实反映。日本作家古口雅春曾经说过："孩子的言行就像一面镜子，反映着家庭和父母的精神，所以希望孩子好，首先自己要起模范作用。父母或教育者的日常言行，对培养孩子的人格有最强的说服力。"Mitchell 就像一面镜子，让我意识到，为了给孩子更好的家庭教育，我要学会放下"倔强"。

我猜想，可能正在读这篇文章的你，家里也有一个脾气倔强的小朋友吧？他们常常会令父母非常头疼，怒也不是、骂也不是，打就更不对了。遇到这样的宝贝，先不要急。孩子犯倔、犯拧、不驯服，反过来讲，是代表孩子有主见。他们与父母的意志发生违背，是坚持自己的感觉造成的。倔强的孩子常常让人感到难以管理、难以沟通。作为父母，首先要考虑的我们自己是否属于控制欲望很强的人，通常来说，"拧"孩子都有"拧"父母，没办法，这也是一种性格的遗传。

在我们的教育中，最常见的错误做法就是平时对孩子干涉过多。絮絮叨叨的劝告、无端的训斥非但不会让孩子意识到自己有问题，反而会使孩子感到厌烦，而更加不认真或者叛逆地对待父母的要求，甚至把所有要求都当成耳边风，有时还会顶几句嘴。即使孩子明知自己不对，依然会为自己辩解，因为对于孩子来说一样需要肯定，一样需要一种存在感。

此时，我不由得想到了我刚刚创业那会儿发现的一个有趣的现象。在创业初期，我曾以为成功的企业家都会非常强势，一副高高在上的样子。然而，当我接触到一些很成功的企业家后，发现他们在与人打交道的时候都喜欢赞美对方，从他们嘴里讲出来的话永远是好的。他们会对任何与他们接触的人给予真诚的赞美。即使面对不同意见，他们也会和颜悦色地探讨，而不是强势地反驳和否定。这种方式，体现的是一种尊重。

同样的道理，即使你是一家之长，面对孩子"犯倔"的时候，绝对不能有高高在上的强势感，要采用润物细无声的办法，逐渐开导孩子，因为在这个时候，孩子的"倔强"是要维护他最后的一点尊严、最后的一点权利。因此，作为孩子来说，也会采取极端或者不向大人让步的方式来解决问题，这样会让我们感觉更加棘手。

强势的父母如果能改变自己的方式而变得温和，孩子是会看到这一改变的。循循善诱的开导，会让孩子慢慢地体会父母的本意，慢慢地理解。这样就会有足够的时间和余地让孩子反省，同时，孩子在试探自己的势力范围的时候，会突然发现原来自己的战场空空如也，远不如合作来得好玩。孩子也就逐渐由叛逆、反抗转换为合作、妥协。这样才能真正有效地达到教育倔强小朋友的目的。

当然，倔强的孩子也有可爱的一面，他们具备很强大的优势，我们家长不妨也欣赏一下自己嘴硬的孩子：他们个性强，有自己的主见、执着、坚强、有勇气、有气魄、不怕惩罚、有管理和支配欲望及高强度的自律性，想坚持自己的主意，控制别人和事物的发展，至少不容易受欺负。但是，这一定要确保在一个适当的程度内，否则，倔强的孩子今后进入社会，会让自己处在一个高危的心理环境中，随时都会有冲突因他而起，而最终的受害者是他自己。因此，嘴硬孩子的父母一定要注意培养孩子随和的社会性。当然前提是，作为父母，就要有随和的社会性。

第六节　做个平等沟通的妈妈

在生活中，Chelsea 经常会比画着学我穿高跟鞋、抹口红；Mitchell 则经常会拿出爸爸的剃须刀，想象自己成为一个真正的男子汉。相信你的孩子也会时常冒出这样的做法，小屁孩每天都在期盼，要是长大了该多好！是啊，这就是天真可笑的孩子。只有孩子期待过生日、期待长大、期待能过上自己想干吗就干吗的日子。其实，从更深的一个层面分析，孩子们的这些行为，实际上是在追求一种与家长的平等。

自从做了母亲，我便时刻提醒自己，要在生活中把孩子当成平等的角色来对待。不管是家长把孩子当成人看，还是放低姿态把自己当孩子看，只要能给孩子平等的沟通和尊重的话语权，在对孩子的教育上就已经成功了一半。平等唤起孩子的责任心。对孩子来说，他们需要在不同的年龄阶段承担起不同的责任，如果我们能用平等的心态来对待孩子，他们就更容易理解责任是生活中很重要的一部分。在这个过程中不必在乎孩子年龄的大小，多大的人担多大的事。总有一天孩子会长大，我们会老去，他们必须扛起属于他们的责任。

平等让孩子懂得理解，更加自信。在生活中，父母如果能够和孩子平等的相处，把他们当成朋友一样看待，孩子会在成长的过程中学会换位思考，懂得体恤别人，同时更容易相信自己。成人的世界里充满了起起伏伏，我们在经历了学生时代的苦读和职场的拼杀后都明白，当面对挫折的时候需要努力去恢复自己的斗志和信心，因为相信自己比什么都重要。当我们倾听孩子在学校生活的时候，不妨也向他们诉说自己的心事，如此对话能让孩子对家长的职场经历有所感悟，更能通过家长的倾诉，让孩子对父母百折不挠的生活态度有所理解。孩子如果已经开始懵懂地理解这些，还愁他在自己的生活道路上没自信、不坚强吗？

平等意味着面对，平等才会更强大。孩子在很多时候认为父母帮助他们是应该的，父母不仅仅保护他们，还要帮他们免受所有的痛苦和折磨。但是这世界上没有哪个父母能帮孩子处理所有的事情，能陪孩子走完人生这条短暂而又漫长的路。我们不应该试图去保护孩子免受痛苦和折磨，而是应该尽力去帮助孩子应付未来的痛苦和折磨。当孩子能够自己应付痛苦和折磨时，他们就会变得更强大，更具备抗压能力。每个父母都具备绝对的责任心和强大的柔韧性，这种韧性能帮助我们在生活的所有领域中获得很好的发展。

信任给孩子力量，努力终将换来成功。我们百折不挠地努力学习、工作、生活，目的就是希望能给孩子快乐的成长环境，享受更好的教育。在我们为他们奔波的时候，更应该教会孩子如何生存于竞争的环境中，如何定位自己的人生目标。世间没有无缘无故的成功，今天的努力才有可能换来明天的收获，多鼓励孩子、帮助他们克服一切困难去实现自己的梦想！他们真的能够理解你说的，也能够看懂你做的。相信孩子，他们绝对有实力改变世界。

平等的话语权刷新孩子的价值观。我们在职场上通过不断的努力来追求的其实就是自己的价值——一种付出后的荣誉。因为我们需要一种被需要被认可的感觉。我们应该从小就把这样的价值形态教给孩子，不是通过口头的说教，而是通过允许孩子去表达自己的观点，鼓励孩子说出自己的想法的方式去教育。让孩子参加家庭的聚会、让孩子参与家庭的管理、让他们表达自己的观点，从小事上让孩子感受到他们的重要。在未来的学习、工作、生活中，他们也会更大胆的表达自己，因为他们知道自己是很重要的人。

第七节　妈妈对孩子的谦让教育

如今，不管家里是有一个孩子还是两个孩子，在和孩子沟通的过程中经常会感受到他们的种种"自私"行为，小的时候还好，大一些之后经常让父母觉得尴尬而又无奈。所以，在"MC"身上，我一直寻找一种方法，尽自己最大的可能，将两个孩子培养成乐于分享、广受欢迎的宝宝，这项教育使命，我一直在生活中总结、实践。

Mitchell 还好，他是家里的老大，有妹妹需要他照顾，在很多方面表现得还是很有哥哥的样子。女儿 Chelsea 可就不如哥哥了，表面上妹妹好像比较弱势，实际上妹妹却是强势的一方，遇到自己喜欢吃的或玩的，就会和哥哥抢。

因为妹妹的原因，我和老公不停在反思到底是我们的教育出现了什么样的问题，是什么原因让妹妹有这样的表现，是我们教育有问题？还是孩子性格有问题？还是我们引导两个孩子的方法有不妥当的地方？其实，孩子天生的性格是一方面的因素，另外一方面我们在对"MC"

的引导上确实存在着一些值得探讨的点。为了改变这样的现状，我和先生查阅了很多育儿的知识，也走访了一些心理专家，找到了一些去改变孩子的方法，女儿在分享这方面目前虽然还没有完全达到我们的预期，但已有了很大的进步。民以食为天，孩子最大的本性便是吃，那么我们就从"吃"上着手让孩子学会分享。"吃"是孩子最看重的事，现在从外面买来好吃的，只要是能分享的东西，我都会当着孩子面，首先分出一些给家里其他的亲人或者朋友，然后给兄妹两个一份，让他们自己协商着分——当然是在我的干预下进行的。这样做了一段时间后，有一次参加聚会，妹妹竟然主动拿着自己的蛋糕和哥哥一起分享。

所以说，我们不用太焦虑，孩子的性格因素自然会在很小的时候将所谓的"自私"表现得明显一些。有的孩子性格相对比较平和，就会显得大公无私。心理学研究表明，在幼儿自我意识形成和发展的最初阶段，他们的心理活动都单纯地围绕自我出发，获取自己想要的一切东西。随着时间推移和阅历的丰富，这种自我中心行为将逐渐转为接纳他人和减少利己的行为。这其实是孩子的一个共性，也是一个特性。

另外，我们在家中增加了兄妹共处的游戏时间，我们通过游戏和读绘本的方式教给孩子一些分享的技巧，但更好的教育是在实践中引导孩子。前一段家里买了一些大型的玩具，经常是哥哥跑得比较快先玩上了，妹妹就有些落寞地在边上看着，这个时候我说："你去试试，拿你心爱的玩具和哥哥交换，看看哥哥愿意让你少等一会吗？"孩子成功地和哥哥达成协议，很开心。

家是孩子的第一课堂，家庭教育需要的是一种氛围的感染，要让孩子看到爸爸妈妈是怎样做的。为此我跟老公约定，阿姨做完饭后，我们都主动帮助把饭菜盛好；夫妻之间形成一种默契和相互的关爱礼让，相信这些举动，会对孩子有示范作用。其实，家里有两个孩子的时候，对孩子的最基本要求就是具备分享精神，只有这样，两个年龄接近的孩子才能玩得比较融洽。

如今，经过我们的调整，两个孩子每一次在玩玩具的时候都特别的高兴，在分享水果和食物的时候也很友善地相互照顾，每当看到兄妹谦让地相互喂给对方食物，还有两个孩子一起玩的时候，我心里的那种幸福感真的是无法用语言来表述。总之，不要把孩子所谓"自私"的问题提高到一个程度，那真的就是孩子一种天性的呈现，只要家长不恐慌焦虑，在生活中言传身教，在细节上潜移默化，你会发现两个孩子会在互动间耳濡目染，所谓的问题就真的不再是问题了。

第八节　养儿才知父母恩

都说孩子是上天给我们最好的礼物，我非常认同这句话，很多人会抱怨带孩子很累、陪孩子很无趣，可我的世界里充满了孩子给我和先生带来的快乐。是我的一双儿女让我蜕变成了一个更温柔的女人、更追求上进的女人、更积极的爱生活的女人。更是在带孩子的过程中，我逐渐回忆起我的父母从小对我的关爱与养育。

"事非经过不知难"，说心里话，我以前耽于工作，看不到家庭主妇的不易，总觉得养育孩子并不是一件特别困难的事，自己也感觉不到妈妈有多辛苦。现在为人妻、为人母，在养育孩子的点点滴滴中，我才发现需要学习和亲力亲为的事太多了，真真切切感到做妈妈实在太不容易了。"谁言寸草心，报得三春晖"，所有这些难忘的经历，让我更理解、更心疼、更爱自己的父母。

每个家长都希望自己的孩子能成龙、成凤。可是当我们在对孩子有众多要求的时候，是否问过自己一个问题：我们对孩子的要求自己做到了吗？孩子对我们有要求吗？就像我的父母当年也期盼我成才的同时，我也在要求着"望父是龙，望母为凤"。

爸爸非常爱我，对我爱好的事情他一直非常支持。记得我上幼儿园时，在商店门口看到口红，就闹着要买，爸爸也会毫不犹豫地给我买下，他从来都不说"别买这些没用的东西，你还那么小，用不着，浪费钱"。我上大学，爸爸总是给我很多生活费，叫我"吃好穿好，女孩就应该把自己打扮得美美的"，送我去新加坡读书，也同样叮嘱我别"亏待了自己"，总是给我足够的零用钱。爸爸来国外看我的时候还会带化妆品给我，只因他希望他的女儿永远漂亮！

有了孩子，我更加体会到了爸爸对我的爱。我也在不自觉地学习爸爸，用他爱我的方式爱着我的儿女们，把爸爸对我的爱延续给了我的孩子。我觉得爱其实无法用具体的语言形容，就是一种让人很暖的感觉、一种开心到哭的感受。

我和先生会一起花心思布置儿女的房间，儿子的房间有他喜欢的小汽车、汽车超人，女儿的房间则是粉粉嫩嫩的，像个公主的套房。我期待能带孩子们环游世界，带他们去卢浮宫看画展，去大剧院看歌剧、看芭蕾舞，让孩子从小在一种美的熏陶中渐渐形成自己的审美和品位。因为这世界上长得好看的女孩有太多，长得帅气的男孩也太多，但是精通于打扮自己、有出众的美学修养、有气质的女孩和男孩却不多。

两个孩子在 1 岁多的时候，我和先生就带着他们去看芭蕾舞、听音乐会，真的不要觉得"孩子还小，别浪费钱，他们看不懂"。我却觉得孩子从一出生就懂得了一切，只是他们还不会表达。因为孩子在妈妈的身体中和妈妈一起度过了十个月的时间，这十个月妈妈已经在深深地影响着孩子。请你一定记住，只要妈妈用心爱着自己的孩子，孩子长大后一定也会用自己的优秀回报妈妈，这样的亲情是上天赐予我的福气。

意大利幼儿教育家蒙台梭利曾经说过："儿童心灵上的许多烙印，都是成人无意间烙下的。我们对儿童所做的一切都会开花结果，不仅影响他一时，也决定他一生。"

我现在有很多美好的回忆，都是我的父母在我童年时候烙下的。感谢我的孩子，你们赋予我母亲这个角色后，我才深深体会到父母对我的爱；感恩我的孩子，是你们给了我在你们童年烙上美好回忆的机会。

第九节　不做"讨厌的妈妈"

我的一个闺蜜，小时候特别怕黑，特别害怕晚上一个人去卫生间，经常在晚上央求着她妈妈陪她去卫生间。还记得那时，她经常跟我们诉说，她妈妈一脸不屑地对她说："看你那点出息，卫生间还在楼里，这要是让你住平房，难不成你晚上连水都不喝了吗？"那时她真的非常害怕和委屈，我通过她的倾诉都能深深感受到她的"特别至于"。要是卫生间真的在外面，我估计她宁愿从放学回家就不喝水。直到今天，我都认为闺蜜当时想要的不是妈妈不屑地笑话她，而是能给她一句安慰或一个温暖的拥抱。

讲到这里，是不是很多人都有同感，在我们还是小孩时，在很多事情上都对父母不满，都曾暗暗发誓，自己当了爸爸或妈妈之后绝对不会这么做。但是，有一天当我们长大成人，真的为人父母的时候，却似乎忘记了自己小时候的"誓言"，总是在不经意间重复着我们父母当初的错误。

还记得小时候那个"讨厌的妈妈"吗？如今你是否也这样对你的孩子？当我想到这一点的时候，我突然意识到，为了孩子，我真的要学会换位思考，因为可能从妈妈的角度是理所应当的事情，如果换一个角度，从孩子的视角来看，可能就是一种伤害。

孩子还小，不善于表达，很多时候，如果我们没有换位思考的意识，错误的、伤害孩子的做法很可能变成惯性甚至永恒。我们是小孩时，希望父母宽容、民主、耐心、尊重；可我们当了父母之后，放不下的是对孩子的担心和对孩子的那份期待，这些已经蒙蔽了我们的双眼，使我们走入了当初我们父母的境界，变得挑剔、专制和强权。也许我们该好好地反思，当初的我们对父母有什么不满，又有什么期待……而今天我们在面对自己孩子的这一刻，是不是应该把我们记忆深处那些曾经特别在意的瞬间整理一下，不再复制在我们的孩子身上。

以下是我通过阅读，在书本和网络中总结出的十个容易伤害孩子的无心之举。我相信，这是很多孩子都曾经有过的经历，我希望读者们现在可以换位思考，感受一下这些无心之举。

（1）别在孩子很小的时候就天天逼着孩子多吃一点，即使已经吃完了也要最后再喂一口。然而又在孩子长到青春期的时候不停地劝说："少吃一点吧，太胖了不好看，穿什么衣服都不好看！"让我们学会尊重孩子吃与不吃的选择，如果今天你没胃口，硬要逼着你再吃一点，你也会不开心，也会讨厌吃饭。

（2）曾经我们感谢大人那无微不至的关爱，但是，我们真的不希望面对"有一种冷，叫妈妈觉得你冷"。孩子处于生长发育阶段，代谢快、"火力壮"，不需要一味地加衣服，对于孩子来说，请永远按照您的穿衣指数少穿一件。孩子和大人不一样，对温度的反应更敏感，所以在洗澡的时候，不要拒绝孩子用我们觉得比较凉的水。

（3）孩子再小也需要尊重，他们就算再小也有自己的隐私权，他们的宝贝也许在我们眼里真的就是垃圾，但是，那是孩子心爱的玩具。在收拾房间的时候，告诉孩子这些宝贝应该在哪就可以了，让他们有权利保存只属于童年的"垃圾"！当孩子六岁以后，适当给孩子点零花钱，孩子在这个年龄段需要有经济意识和钱的概念，他们也需要有自主选择权，买点华而不实的东西来满足自己的童年。

（4）爱美之心人皆有之，年代不一样了，不是穿得艰苦朴素就可以激发孩子的勤奋好学，让我们从小就适当地打扮自己的孩子，从小给孩子养成一个高格调的审美，会影响他们的一生。

（5）谁都有幼稚的时候，当孩子充分信任地将属于他的小秘密分享给你时，请一定要替他保密，别把这个秘密当做笑话一样分享给你的爱人和家人，更不要和爱人或家人当着孩子的面笑成一团。这在孩子的眼中是背叛和失望，并且孩子会默默地下决心，以后什么都不讲给你听，因为你失信于他。

（6）天底下没有孩子不吵架，没有孩子不调皮，孩子在和小朋友起冲突的时候，一定要问清楚事情的情况，而不是不分青红皂白、劈头盖脸地指责孩子，我们要做的是正确地帮孩子分析问题、解决问题。

（7）我国已经全面开放三孩的政策，如果你的宝贝多过一个，不要再强行要求大的让着小的。大的宝贝不是注定要理解、体谅、包容弟弟或妹妹的所有行为，孩子的大小不是孩子本身可以选择的，更何况老大也只比弟弟或妹妹大那么一点，自己也还是一个孩子，为何要压抑大宝的任性？我们应该教会孩子们分享和互相礼让。

（8）记得我们小时候，永远身边有那么一个"别人家的孩子"。别再拿自己家的孩子跟别人家的孩子比，每个孩子的特点和性格完全不一样，我们要的就是孩子自己的进步，他们需要的就是和自己比，今天的宝贝只要比昨天的宝贝好，哪怕只有一点点的进步，也需要家长的肯定。

（9）随着孩子的成长，他们的问题会越来越多、会越来越奇怪，甚至有时很难回答。面对类似"我是从哪来的"问题，我们不要再对孩子说"你是大马路上捡来的，垃圾箱里捡来的"，更别说"你还小，别问那么多"。其实正是因为孩子还小，真的不懂、好奇才会问。我们需要尽力用简单易懂的话、明确而又通俗的语言给孩子一个真实的答案，即使是性方面的问题，也要正面回答，否则你如何要求我们的孩子学会保护自己。

（10）别笑话孩子的梦想。哪怕他的梦想就是去动物园做一名饲养员、去蛋糕店做蛋糕，这又有什么关系呢？对于孩子来说，有了梦想就有了目标和动力，任何梦想都足以支撑孩子的努力和勤奋，在成长的岁月里，谁还没几次荒唐的想法了吗？

真正的父母是在孩子需要帮助时及时给予孩子的那束阳光，却又不过分把自己的意志强加到孩子身上。已为人父母的我们，请认真整理一下自己小时候讨厌父母做的事，在脑子里装一个警报器，每次想犯规的时候就提醒自己，不要重复自己父母几十年前的老路，不要将自己讨厌的事延续在孩子身上。让我们将对孩子的爱化作支持和帮助，让我们将对孩子的教育化作他们成长道路上一对隐形的翅膀，陪伴、相随、最终放飞！

第十节　孩子需要用心陪伴

在生活中，当我们陪孩子在小区或者公园里玩的时候，是不是你也有过这样的情况：孩子兴奋地叫着："妈妈，我们比赛跑步吧！"此时的你也许正在专注地刷着朋友圈，是不是就心不在焉地回应孩子一句："等一下，你先跑吧，妈妈有事。"于是你盯着手机刷了两分钟，才拧不过孩子的催促敷衍地跑了几步，简单地就对孩子认输了。

我们总认为孩子小，就会不由自主地找借口来敷衍孩子。其实我们忽略了一点：孩子们很聪明，他们都看到眼里必然记在心里。其实，作为一名聪明的家长，我们在主观上不要低估孩子的能力，要从内心里平等地对待孩子。现在的小宝贝已经有了分辨是非的能力，他们虽然有些时候不说，但是他们真的能够感到你是否在敷衍他。面对孩子们乐此不疲的"十万个为什么"，我们应该认真、有技巧地回答孩子的问题。也许有些事情超出他们能够理解的范围，但是要让孩子从我们回答问题的状态上感知到父母的耐心、认真的态度。

孩子的成长是不可逆的，我们常常感叹昔日的小婴儿如今已长成有想法的儿童。日子其实是一天天地过来的，当孩子长成少年的时候，回首过往，你是否悉心地陪伴了孩子的成长历程？答案很容易找，就在孩子的身上。你是否曾经敷衍地、心不在焉、没有耐心地回答孩子的问题，其实在孩子成长的足迹间就已经有了明确的答案。据科学研究，孩子一至二岁时就已经具备了基本的判断能力，可以简单分析出家长的意图。随着科技的发展，孩子的接触面得到更大的扩展。如果家长仍错误地认为孩子年幼，可以偶尔敷衍一下，这种想法非但不对，并且会有很大的危害，对孩子的心灵造成影响。

我们在孩子成长的过程中，经常一整天或连续几小时都和孩子在一起，而这些时间，我们却没有做到真正的陪伴。因为我们没有活在当下，没有活在孩子的世界里。我们在孩子成长的过程中扮演的更多的，是"身在心未在"的角色。当我们把陪伴孩子当成任务时，就会失去很多本应在亲子互动中享受到的乐趣。而我们只有用心地陪孩子，享受和孩子在一起的时光，才能发现孩子的童真与可爱，才能与孩子顺畅地沟通；只有用心陪伴的时候，才能满足孩子的心理需求，也才能让自己回归最简单、最纯朴的快乐。

为什么我们常常对孩子失去耐心，因为我们的焦虑、繁忙，让我们在陪伴孩子的时候想着的是成堆的家务、未完成的工作、朋友间的不愉快，内心嘈杂的声音充斥着大脑。此时的我们和孩子根本不在一个频道上，自然无法去理解孩子、包容孩子，也无法感受孩子的"无理取闹"里透出的天真烂漫与童趣。

回首岁月时，我们经常在自己走过这段路之后，后悔自己怎么没早些成功，这也许就是因为我们走过了才意识到这些。而孩子只有在自己成长的过程中不断地摔打、不断地靠家长扶正路线，才会找到自己想要的未来。而家长则在对孩子的教育中不断总结经验，不断地调整自己的状态，生活就在不知不觉间成为过往，孩子就在家长认真地倾听、真诚地给予意见，严肃地规劝错误间长大……所以说，我们与其后悔自己曾经的不努力或者杞人忧天地担心孩子的未来，不如好好地活在当下！

我们总说"孩子长大了就好了"。我们总在感叹"宝贝，你什么时候才能长大，你什么时候才能理解爸爸妈妈的良苦用心"。我们总在抱怨孩子每天给我们带来的各种各样的麻烦，却不知，最可爱、最珍贵的其实就在当下。

当我们意识到陪伴孩子的重要性，接下来只需要"用心察觉"。用心是家长的观念与行动间的距离，是父母改变自己最重要的功课。当我们意识到自己已心不在焉、敷衍了事、杂念丛生时，我们就需要有意识地把注意力聚焦于当下，我们是成年人，完全可以通过体会自己的呼吸、通过与自己的对话警醒地告诉自己，心在此，生活也在此。若父母能意识到自己在陪伴孩子，那么便会用心地契合孩子的节奏，也就给了孩子最好的陪伴。

当下，我们的国家进入高速发展的状态，我们生活的空间可以说是日新月异，正因如此，对于家庭来说，父母会更注重孩子的培养与教育。当孩子还在襁褓中的时候，父母充满期待与希望，从他们蹒跚学步、咿呀学语的时候开始，身为父母，我们就应该进入全新领域的学习之中。孩子的世界并不复杂，但是若想引领好一个孩子，培养他们乐观向上的性格，养成良好的生活习惯，则需要我们和他们共同学习，共同成长。当我们教育孩子恩义、珍惜的时候，也许你自己的一言一行、一举一动，已经在生活中教会了他们，这就是榜样的力量，这也是属于父母的成就感。父母更要努力、好学、上进，因为我们是孩子学习的榜样，是他们崇拜的对象。

学习的过程也许充满困难，我们同样会遇到瓶颈期，遇到困难与阻碍，但我们会在孩子稚嫩的眼神中明白坚持与执着的力量，一遍一遍地努力着，一次又一次的充电，可以让我们变得得心应手，从容不迫。也许这才是孩子眼中的父母该有的样子。每个孩子都是不完美的，同样，每位父母也是不完美的，陪伴孩子成长的过程对于父母来说不是修炼，不是渡劫，而应该是学习与成长的升级。家长认知上的改变与提高，决定着孩子的起跑线，更是引领孩子成为更好自己的基础。

经过一段时间的学习后，也许你会发现一个神奇的现象：不管是孩子的学习还是亲子关系，都有了一个质的飞跃。这个世界上最伟大的爱一定是母爱，也只有在做了母亲后你才会明白，你的每一个决定都与孩子息息相关；你也才会意识到，在这个世界上原来还有一种爱比母爱更单纯、更暖心，那就是孩子对妈妈的爱。所以，为了孩子，我们应该勇敢地走进课堂，面对全新的挑战，在孩子的影响下，我们重新活了一遍。自我修行的路没有尽头，做赋能式家长，从自我改变开始。

图书在版编目(CIP)数据

36 岁给孩子当学生/董思阳著.—上海：上海三
联书店,2024.4
ISBN 978－7－5426－7887－4

Ⅰ.①3… Ⅱ.①董… Ⅲ.①家庭教育 Ⅳ.①G78

中国版本图书馆 CIP 数据核字(2022)第 187533 号

36 岁给孩子当学生

著　　者 / 董思阳

责任编辑 / 张静乔
装帧设计 / 人马艺术设计·储平
监　　制 / 姚　军
责任校对 / 王凌霄

出版发行 / 上海三联书店
　　　　　(200041)中国上海市静安区威海路 755 号 30 楼
邮　　箱 / sdxsanlian@sina.com
联系电话 / 编辑部 021－22895517
　　　　　发行部 021－22895559
印　　刷 / 上海颛辉印刷厂有限公司

版　　次 / 2024 年 4 月第 1 版
印　　次 / 2024 年 4 月第 1 次印刷
开　　本 / 889mm×1194mm　1/32
字　　数 / 85 千字
印　　张 / 4.5
书　　号 / ISBN 978－7－5426－7887－4/G·1653
定　　价 / 48.00 元

敬启读者,如发现本书有印装质量问题,请与印刷厂联系 021－56152633